FOLIOTHÈQUE

col
Br
Maît
à l'U
la Sor

André Gide

Les faux-monnayeurs

par Pierre Chartier

Pierre Chartier

présente

Les faux-monnayeurs

d'André Gide

Gallimard

Pierre Chartier est maître de conférences en littérature française à l'université de Paris VII.

Le dossier iconographique a été réalisé par Nicole Bonnetain.

© *Éditions Gallimard, 1991.*

INTRODUCTION

C'est le moment de croire, suggère Bernard dès la première phrase du roman, c'est le moment pour toi, lecteur, d'ajouter foi à ce que tu lis : n'entends-tu point déjà, délicieuse frayeur, des pas dans le corridor, alors que dans l'incertain présent de tout commencement tu viens de soulever, un peu par hasard — le démon aussi y aidant — et de déplacer l'onyx et le bois du secrétaire, l'enveloppe de la lettre, la page du roman? La pendule réparée sonne bientôt les quatre coups. Tout, donc, peut commencer, d'autant que, si le texte de la correspondance maternelle t'est illisible, il fait battre le cœur : il y est question de moi, de mon origine ! Pourtant cette larme sur la lettre d'amour : une simple goutte de sueur ? Et cette faveur rose, et cette confirmation, inespérée en vérité, du « roman familial[1] », tout cela ne rappelle-t-il pas tant d'histoires qu'on nous a contées, de fantasmes dont nous nous sommes bercés, tant de récits connus, romans d'aventures, d'amour ou d'éducation ? Et puis, nous abandonnant à l'aventure, reconnaissons qu'il n'y a, à la vérité, aucun motif d'inquiétude. Nul ne peut nous surprendre. La famille est absente, le père, la mère, la sœur, les frères, chacun est là où l'ordre quotidien de la vie familiale le commande, et Ber-

1. « Expression créée par Freud pour désigner des fantasmes par lesquels le sujet modifie imaginairement ses liens avec ses parents (imaginant, par exemple, qu'il est un enfant trouvé). De tels fantasmes trouvent leur fondement dans le complexe d'Œdipe » (Laplanche et Pontalis, *Vocabulaire de la psychanalyse*).

nard, le tout premier, le sait bien. Ce qui trouble davantage, et qui peut séduire, c'est que, dans cette entame de lecture, les noms et les adjectifs se rapportant au sentiment de la réalité dansent quelque peu, cherchant leur place : révélation réelle, émotion feinte, larme fausse, véritable effraction ; c'est que les pronoms relatifs à la personne pourraient tourner : toi, moi, nous, lui, vous, comme plus loin alternent les temps : passé, présent, futur, et les modes d'expositions : récit direct, récit rapporté, lettres et journal intime. L'anonyme lecteur, convoqué par l'auteur en des termes assurément moins lyriques et moins pressants que le Nathanaël des *Nourritures terrestres,* se découvre partie prenante dans le monologue intérieur de Bernard, son lieutenant adolescent, invité à s'instituer voyeur (« liseur ») aux côtés d'un nouvel Asmodée, si le jeu lui plaît, et si la curiosité plus loin le pousse. Mais quel jeu, et pour quels enjeux ?

En somme l'essentiel du projet et du propos de Gide, dès les premiers mots des *Faux-Monnayeurs,* est en place, et pourtant, pour le lecteur, rien n'est sûr. Sa lecture est indiscrètement soulignée et discrètement théâtralisée, donc en un certain sens dénoncée ; le personnage, Bernard, n'est plus inconnu, mais son nom à peine prononcé lui fait et nous fait défaut : il est un bâtard ; quant au sujet de cette histoire, pour autant qu'il soit compréhensible, il renvoie à la réalité de nos rêves mais aussi à l'irréalité de nos sentiments, il est confronté à l'irréfutable ordre naturel, social et familial (été, chaleur, baccalauréat, intérieur bourgeois), mais miné par ce qui, plus qu'un soupçon, est un avertissement : ceci, indémêlablement, sonne juste, et sonne faux, comme si une ironie secrète gauchissait à mesure les scènes ou les discours rapportés. S'il poursuit sa lecture, le lecteur entend-il se payer d'une monnaie aussi douteuse ? À lui sans doute de mesurer ses responsabilités et de distinguer, autant qu'il en est capable, l'authentique du falsifié, en ces temps, immédiatement postérieurs à la Première Guerre mondiale, où, l'or n'ayant plus cours, s'établit sans partage le règne conventionnel de la monnaie-papier.

Notre parcours accompagnera cet effort de lecture, du point de vue esthétique (le roman et son journal intime, le roman et son journal de bord), puis mythologique (celui d'une vie où le diable réclame sa part), pour souligner et expliciter enfin la préoccupation éthique : Gide ne cesse en effet d'interroger dans son roman l'usage que l'individu moderne peut faire de lui-même en un temps où toute référence, toute foi transcendantes semblent faire décidément défaut.

I — ESTHÉTIQUE DU ROMAN : LE ROMAN ET SON JOURNAL INTIME

> « Le point de vue esthétique est le seul où il faille se placer pour parler de mon œuvre sainement. »
> *Journal*, 25-4-1918

UN ROMAN DÉCONCERTANT

Ce que l'*incipit* à sa façon joue, tout en dissonances et en écarts, le texte du roman le rejoue ensuite et le déjoue, sur de multiples registres, tout au long des trois parties des *Faux-Monnayeurs*. La lecture n'y gagne pas en facilité. Le climat de connivence désinvolte et compliquée que le narrateur établit avec son lecteur s'institue aux dépens de la cohérence et de l'épaisseur des personnages, ainsi que de la logique d'une action décomposée en intrigues parallèles. Apparitions soudaines de tel ou tel, brefs surgissements de comparses, ruptures de rythme, longs dialogues d'idées scandés de scènes parfois dramatiques, parfois dérisoires, retours en arrière, points de vue successifs ou divergents sur la même situation, réflexions subtiles sur des questions de morale ou de littérature, faisant miroiter les possibles et les contraires, passage d'une vision omnisciente à une vision partielle, coïncidences étonnantes, et même, pour pimenter le tout, interventions du diable : une esthétique du discontinu, du contre-pied et de l'arbitraire paraît gouverner le roman. Un lecteur habitué aux solides jalons réalistes et aux fortes peintures saturées d'attendus du roman postbalzacien peut se sentir désarçonné, voire mystifié. Plus encore, à côté des *Faux-Monnayeurs*, la suite romanesque de Marcel Proust, *À la recherche du temps perdu* (dont la publication est presque achevée en 1926, année où paraît le roman de Gide), aussi surprenante et nouvelle qu'elle pût sembler, elle aussi décentrée, distendue, déchronologisée, n'offre pas les mêmes traits d'étrangeté primesautière et ludique. Alors même qu'elle n'hésite pas à consacrer des pages entières à un détail (que d'autres jugeraient infime, mais qu'elle retravaille infiniment, développe, relie à de multiples réseaux où il prend sens et valeur), on sent en elle une avancée continue, la poursuite d'une quête admirable, obstinée, qui peu à peu s'éclaire. En regard, de quelle *entreprise* Gide, dans son roman, se réclame-t-il ? — Et combien plus loin encore se tient-on de tels autres contemporains, Jules Romains, Georges Duhamel, et de l'ami fidèle, dédicataire des *Faux-Monnayeurs*, Roger Martin du Gard ! Face aux puissantes sommes romanesques que ces auteurs édifient alors, les quarante-trois brefs chapitres des *Faux-Monnayeurs* semblent appartenir à une autre planète : un univers un peu raide, mince, comme *abstrait*.

Certains contemporains, scandalisés de ce qui leur apparaissait comme un roman scabreux, une machinerie perverse, ont crié aux nouvelles *Liaisons dangereuses*. Ce n'est pas mal trouvé, mais pourquoi ces *Liaisons* plongent-elles le lecteur, outre le péril, dans l'incertitude ?

LITTÉRATURE

C'est que s'impose peut-être avant tout la permanence d'un *style*. Le moindre des paradoxes n'est pas que cet étrange roman soit pétri de vertus et de valeurs classiques, de références explicites, à côté de quelques contemporains (P. Desjardins, L. Febvre), à des moralistes, à de grands écrivains du passé, comme Shakespeare, La Rochefoucauld, Fontenelle, Fénelon, Pascal, Chamfort, Bossuet, Vauvenargues, Corneille, Molière, Racine, La Fontaine, mais aussi Sainte-Beuve, Baudelaire, Flaubert, Dostoïevski : tous cités, commentés souvent, intimement mêlés au texte qu'ils nourrissent de leur suc et, à travers quelques filtres, qu'ils marquent de leur ton. Cette parenté s'entend dans la phrase de Gide : nette, claire, volontairement terne parfois, sèche, mais aussi à l'occasion ondoyante, ou même fuyante, et toujours *tenue*, littéraire jusque dans l'usage de tournures subtilement familières, ou faussement fautives, elle ne dédaigne pas de se complaire à quelques préciosités ou archaïsmes qui sont comme une signature. On y décèle la présence de l'écrivain, plus insistante sans doute que celle de ses personnages, mais aussi que celle du narrateur et même de l'auteur. La vraie continuité est là : le classicisme moderne de Gide y parle plus clair (non plus fort, peut-être) que le modernisme affiché de son récit. Mais de l'un à l'autre, une relation existe, indubitable, évidente : la littérature. Dans *Les Faux-Monnayeurs*, c'est la littérature qui est fêtée, ou mieux, honorée. Mais, il faut l'ajouter immédiatement : non pour elle-même, mais pour ce qu'elle peut proposer et opposer à son envers qui est aussi son double, la vie, le « réel », que le roman signale et stylise. Le « premier roman » d'André Gide, son « seul » roman : monnayage auquel procède l'écrivain de ce qui, le constituant, lui échappe et le provoque, son « être-au-monde littéraire » ?

ANTI-ROMAN ?

Parlant du roman, on adopte communément deux attitudes. Ou bien on considère qu'aucune loi ne le lie, aucun canon ne l'oblige, qu'il est, comme dit Édouard, *lawless*, et donc que tout y est possible, tout y est licite, tout lui est bon. Ou bien on garde à l'esprit un modèle du genre « roman ». Pour les uns, c'est *La Princesse de Clèves*, pour d'autres *Robinson Crusoé* ou *L'Île au trésor*, pour d'autres encore, plus nombreux il est vrai, c'est *Le Père Goriot*, *Madame Bovary* ou *Anna Karénine*. Hors d'une intrigue bien charpentée, de personnages fermement campés, emportés par leurs passions ou conduits par leurs intérêts, hors d'un effort pour reproduire ce qui paraît être la réalité en soi, la naturalité du réel, donnée à la fois dans son évidence et extraite de sa complexité psycho-sociologique — hors de là point de salut. À s'écarter de ces principes, on tomberait dans le dérisoire, l'illisible ou, au mieux, on sacrifierait à un exercice connu, la critique du « genre », aimablement anodine ou plus philosophique, on composerait un *anti-roman*.

Les Faux-Monnayeurs, selon les critiques, relèveraient de cette catégorie. Reprise parodique des poncifs et des procédés romanesques, mise en cause de l'illusion imitative et des prétentions explicatives du réalisme, ce roman n'est-il pas un exemple caractéristique d'*anti-roman*[1] ? Et d'abord, ce narrateur qui intervient à intervalles répétés dans son histoire pour relancer l'action vers une direction nouvelle, pour donner son avis sur la conduite de tel ou tel person-

1. Comme le dit par exemple Sartre dans sa préface de *Portrait d'un inconnu* de N. Sarraute.

nage, qu'il approuve ou qu'il blâme, pour interpeller le lecteur et lui rappeler, si besoin était, qu'il reste en dernier ressort le maître du jeu : ne retrouve-t-on pas là la manière ironique de Sterne ou de Diderot, écrivant *Tristram Shandy* ou *Jacques le Fataliste* ? On note ainsi dans *Les Faux-Monnayeurs* des interventions réitérées du narrateur : p. 30 ; p. 40 ; p. 55 et 57 — où le diable apparaît en tiers — p. 78 ; p. 86 ; p. 115 — où l'émotion du personnage est inopinément retournée en dénégation du narrateur, refusant tout effet vraisemblabilisant et naturalisant au profit de l'affirmation de la toute-puissance et de l'habileté « professionnelle » du maître de la narration :

« Passons. Tout ce que j'ai dit ci-dessus n'est que pour mettre un peu d'air entre les pages de ce *journal*. À présent que Bernard a bien respiré, retournons-y. Le voici qui se replonge dans sa lecture » (p. 115).

Franchissant un pas supplémentaire, au chapitre 7 de la deuxième partie, à mi-course du roman, l'interventionnisme du narrateur se transforme en prise de parole exclusive de l'auteur, qui cette fois fait fi de son habituelle retenue. Tout le chapitre, commentaire critique à la manière de Fielding dans *Tom Jones*, renverse les termes de la vulgate réaliste : la vision en surplomb le cède complètement à des interrogations de l'auteur, avouant son impuissance face à ses personnages. Ce sont eux qui le mènent, loin qu'il les dirige à son gré ou qu'il puisse même orienter leur marche. D'où son inquiétude :

« Le voyageur, parvenu au haut de la colline, s'assied et regarde avant de reprendre sa marche, à présent déclinante ; il cherche à distinguer où le conduit enfin ce chemin sinueux qu'il a pris, qui lui semble se perdre dans l'ombre et, car le soir tombe, dans la nuit. Ainsi l'auteur imprévoyant s'arrête un instant, reprend souffle, et se demande avec inquiétude où va le mener son récit » (p. 215).

Le lecteur est convié en somme à assister aux étapes de la création romanesque, aux aléas de l'œuvre en train de se faire. En un sens, ce point de vue constitue sans doute plus encore qu'auparavant, pour le lecteur, le roman qu'il lit en objet littéraire. Vision critique, déréalisante. Mais, en un autre sens, une telle reconnaissance de l'autonomie des personnages est un thème qui relève plutôt de l'attitude balzacienne, ou mieux, romantique. S'agit-il alors d'un redoublement d'ironie de la part de Gide ? Peut-être pas, car les dernières lignes de ce chapitre font figure d'engagement — parodique, sans doute, mais qui sera tenu !

« Que faire avec tous ces gens-là ? Je ne les cherchais point ; c'est en suivant Bernard et Olivier que je les ai trouvés sur ma route. Tant pis pour moi ; désormais, je me dois à eux » (p. 218).

Quentin Metsys : *Le prêteur et sa femme*. Musée du Louvre, Paris. Ph. © Lauros-Giraudon.

Il tient parole. Au cours des dix-huit chapitres de la troisième partie, on ne rencontre plus d'intervention déréalisante d'auteur. Si le narrateur intervient encore (et fort rarement), c'est, comme Stendhal, pour commenter avec une feinte naïveté la conduite d'un personnage, non pour décontenancer le lecteur et dénoncer l'illusion (ainsi, p. 251). Les fils tissés et noués jusque-là paraissent se dénouer maintenant « d'eux-mêmes », sans intervention extérieure, et le lecteur est conduit à lire la dernière partie des *Faux-Monnayeurs*, pourtant aussi morcelée et déconcertante que les précédentes, à bien des égards, comme un récit romanesque traditionnel. L'énigmatique et le déconcertant continuent d'habiter les personnages mais ne leur sont plus imposés de l'extérieur. Le diable n'apparaît plus « en personne », il hante l'imagination enfiévrée de Vincent, criminel perdu au cœur de l'Afrique coloniale, et laisse la première place aux anges, amis de Bronja disparue, qui font si fort défaut à Boris, et à l'ange, le fraternel ennemi de Bernard (même si, d'une phrase, Bernard réinterprète son combat libérateur en nommant son adversaire « démon », ce « daimon » intime, apprivoisé, naturalisé, c'est l'Ange). Il est vrai que selon La Pérouse, qui n'est pas loin d'avoir le dernier mot, le diable et le Bon Dieu ne feraient qu'un. Est-ce à dire que Dieu, le diable et le narrateur auraient partie liée en ces derniers chapitres des *Faux-Monnayeurs* ? Faudrait-il devant une coalition aussi imposante décider de ne plus « croire » ni décroire ? Faudrait-il parier que *Les Faux-Monnayeurs* ne sont pas un anti-roman, que le lecteur n'est pas tant moqué pour sa naïveté, qu'à travers lui le destin ironiquement salué ? Supposons que l'ironie romantique, le *Witz*, ou encore que l'esprit de contradiction méphistophélesque, est à l'œuvre dans *Les Faux-Monnayeurs*.

ROMAN : LA QUÊTE DE LA RÉFÉRENCE

Revenons un instant à l'hypothèse de l'anti-roman, mais cette fois en supposant, avec Gide, qu'Édouard sur un point a raison : le roman refuse toute Loi, il ne connaît que la sienne : son bon plaisir. Et cela dès qu'il paraît, dès que se constitue en Occident le mode ou, si l'on veut, le « genre » romanesque sur les ruines de la chanson de geste médiévale, et contre tous les genres en honneur. Ce qu'il affirme alors, c'est que la Référence absolue fait défaut, puisque la Parole des Pères, indiscutable, anonyme, donnée à l'origine, fait place à des récits sans répondant sûr. Fictives, les assertions romanesques s'exposent à un doute fondamental, au point que le « premier » grand roman européen, *Don Quichotte*, passe pour un modèle d'anti-roman. Il ne peut le faire qu'au regard de la Loi, celle du barbier, du curé et du chanoine, ce roman qui s'avoue comme toujours possible remise en cause de lui-même, de sa vraisemblance, de son sérieux, de sa prétention à dire le vrai et à en convaincre son lecteur. Il faut donc que le genre réinvente des codes forts, à prétention mythique, mais nécessairement partiels, locaux, et arbitraires : le roman héroïque et galant, le roman psychologique, ailleurs et plus tard le roman érotique, le roman policier... On y croit — autant qu'il faut, puisque c'est sa règle. Mais on ne se prive pas d'en rire, et d'en produire la parodie à la première occasion. Or telle est, exactement, la passion de Don Quichotte, sa souffrance, sa folie et sa vocation : asseoir le roman sur les bases inébranlables de la vérité épique. Il veut faire du roman de chevalerie la nouvelle *Odyssée* et la nouvelle *Bible* des temps modernes. Son entêtement et son désir d'absolu le font tomber malgré lui dans le registre parodique, celui de l'anti-roman comique, ou encore, comme on dira plus tard, du roman « picaresque ». Il n'est pas surprenant que le terme d'*anti-roman* apparaisse dès le XVIIe siècle, sous la plume de Charles Sorel, l'auteur du *Francion* !

Que, dès cette époque, la dénonciation « comique », entendons satirique, « réaliste » et « bourgeoise » des prétentions et des invraisemblances criantes du roman aristocratique, rejoigne les imprécations et les oukases des censeurs bien-pensants, mais aussi les réticences des classiques, c'est là un joli paradoxe historique, qui ne manque pas de quelque peu brouiller les cartes. Il reste que la vogue de l'anti-roman a été une réaction, parfois dédaigneuse, souvent enjouée, contre les prestiges du romanesque — à laquelle se mêle une passion secrète et rentrée pour ce romanesque même, sorte d'hommage, au vice, de la vertu — et que le triomphe du roman, au cours du XIXe siècle en France, se mesure à l'abandon, ou du moins à l'inanité de tels reproches. Est-ce à dire que la veine de l'anti-roman perde tout sens à cette date ? Sans doute la dénonciation du romanesque idéalisant garde-t-elle sa pertinence, mais elle s'effectue volontiers alors à l'intérieur du roman, devenu le grand genre sérieux (ainsi, dans *Madame Bovary*) et surtout elle prend un sens neuf après le triomphe de l'école réaliste, au cours des années 1850, et celui du naturalisme, vingt à trente ans plus tard. Elle se renouvelle en se renversant : c'est qu'alors ce type de roman prétend introduire non au rêve, mais à la réalité ; il n'analyse plus tant les passions d'une société choisie qu'il ne s'attache à peindre la condition du tout-venant : il se « démocratise ». Il s'alourdit, disent ses adversaires, du poids du matérialisme ambiant devenu tables de la Loi. Pour d'autres, ou les mêmes, il se complaît dans le nauséabond, le pathologique et l'obscène, il foule aux pieds les valeurs les plus sacrées. On sait combien prompte et violente fut la réaction au naturalisme. A. France déchire Zola ; Brunetière, Bloy, Barrès, Bourget tonnent contre la vulgarité d'inspiration du réalisme, contre ses prétentions à la scientificité et à l'objectivité. Ils proposent, parallèlement aux symbolistes, un retour à l'idéalisme en littérature, ils exigent des sujets de plus haute tenue, qui respectent les mystères de l'âme humaine et le goût des âmes raffinées. Cette mise en cause est reprise plus subtilement et plus profondément par Mallarmé, ainsi que par Valéry, qui la radicalise. Nous en sommes là, très précisément, aux années de formation d'André Gide.

Ne disons pourtant pas, comme Claude-Edmonde Magny, que la fameuse formule de Valéry, « la marquise sortit à cinq heures », fut un coup de tonnerre qui, à partir de 1914, plongea le monde littéraire dans une confusion telle que nul n'osa plus écrire la moindre ligne d'un roman, par crainte du ridicule. Il y avait beau temps que l'anti-roman comique avait dénoncé toutes les marquises, et par ailleurs la vogue du positivisme bien-pensant et bourgeois continuait de plus belle, sans aucun état d'âme, sous la férule des « idéalistes », par exemple de Bourget, que Gide épingle dans *Les Faux-Monnayeurs* (p. 113). Il reste vrai que la dénonciation était à reprendre, mais sur d'autres bases, et que les meilleurs s'y employaient. Il reste vrai aussi que les mépris de Paul Valéry (relayés, à sa manière moins intransigeante, par André Breton dans le premier et le second *Manifeste surréaliste*, en 1924 puis en 1930) s'appesantit indistinctement sur tout roman, suspect de frivolité, de bassesse et de niaiserie positiviste. Quant à Gide, lui qui dès 1891 prétend (dans une lettre à Valéry !) tenter sa voie dans le roman, il n'a sans doute jamais partagé le dédain universel de son ami « Paul-Ambroise » pour le genre en vogue (et en crise) du début du siècle, même s'il rêve de s'illustrer surtout dans la poésie. Bien plus, au moment où il compose *Les Faux-Monnayeurs*, l'admiration qu'il voue à Stendhal, à Fielding, à Dickens, à Conrad, à Dostoïevski montre bien que la critique du roman, pour lui comme pour ses contemporains (Proust par exemple), n'a plus le sens que lui donnaient les auteurs « comiques » classiques. Cette critique renoue au contraire, dans *Les Faux-Monnayeurs*, avec les intuitions géniales de Cervantes. Ce qui est en cause, c'est le défaut de la Référence, l'indigence de l'Archétype, dénoncé comme l'alibi des dogmes en place, des facilités pseudo-critiques et des hypocrisies régnantes. De ce point de vue, le véritable anti-roman de Gide, n'est-ce pas *Les Caves du Vatican*, charge allègre contre toutes les pesanteurs sociales et idéologiques, et qu'il rebaptise de ce fait *sotie* ? Plus que les ambiguïtés du romanesque, *Les Faux-Monnayeurs* dénoncent la faiblesse du réalisme traditionnel à rendre compte de ce qui importe, alors même qu'il se prétend le déchiffreur de l'Ordre social, le tenant-lieu de l'État civil, le garant de la véritable structure du Réel. Emblème d'autres illusions et d'autres contraintes, l'illusion réaliste est mise en cause dans le roman de Gide, mais selon des procédés qui rappellent autant *Les Affinités électives*, de Goethe[1], que *Jacques le Fataliste*. Ce qui caractérise en effet *Les Faux-Monnayeurs*, c'est, bien davantage et bien plus continûment que les interventions ironiques du narrateur, celles, plus ambiguës que satiriques, d'autres premières personnes : l'insertion dans le roman de lettres, de notes, et surtout de nombreux et vastes extraits du *journal intime* d'Édouard, qui est aussi le *carnet de travail* d'un écrivain réfléchissant sur le roman qu'il a projeté d'écrire : déplacement spéculaire, sans doute. Mais la mise en abyme[2] ne vise pas nécessairement à la dénonciation du genre ; elle peut au contraire en être, par des moyens renouvelés, la confirmation.

1. Ce roman est le premier où paraisse un journal intime, celui d'Ottilie, véritable « fil rouge » du texte.
2. « J'aime assez, écrit Gide dès 1893 dans son *Journal*, qu'en une œuvre d'art, on retrouve ainsi transposé, à l'échelle des personnages, le sujet même de cette œuvre. Rien ne l'éclaire mieux et n'établit plus sûrement toutes les proportions de l'ensemble », il compare ce procédé avec celui « du blason qui consiste, dans le premier, à en mettre un second en abyme ».

LETTRES

Lettre de Bernard à Albéric Profitendieu, lettres de Laura à Édouard, lettres de Bernard à Olivier et d'Olivier à Bernard, lettre de Lady Griffith à Passavant, de Douviers à Laura, de Bronja à Boris, et d'Alexandre Vedel à son frère Armand — sans compter les billets, pouvoirs, dédicaces et autres petits mots, d'Édouard à la famille Molinier, de Laura à Vincent, de Georges à Édouard, de Passavant à Olivier, de La Pérouse à Édouard, de Rachel à Édouard, d'Olivier à Georges, de Ghéridanisol à Boris, le billet, fatal, que tire Boris, celui que Phipi fait passer à Ghéridanisol, à quoi il faut ajouter les lettres dont le lecteur entend parler mais dont il n'a pas connaissance : celles adressées à Marguerite Profitendieu ou à Oscar Molinier... Si aucune de ces lettres n'est très longue, elles valent pour leur fréquence, elles s'échangent et se croisent à l'image des personnages eux-mêmes, toujours en mouvement et en dialogues. Le commerce de l'écrit, par leur entremise, relaie celui de l'oral, le scande ou le ponctue, mais sans atteindre à la systématicité ni aux effets propres du roman épistolaire. La lettre, dans *Les Faux-Monnayeurs,* n'est ni exclusive ni décisive. Elle vise pragmatiquement le destinataire (elle lui transmet des informations, des consignes, des prières) plus souvent et plutôt qu'elle ne révèle un état d'âme ou ne communique des sentiments (c'est cependant le cas lorsque Bernard et Olivier échangent leurs impressions de vacances) et surtout elle ne donne pas lieu à des malentendus ou à des quiproquos, en cela medium plus que message, à moins que, correspondance conservée, déposée, elle ne soit un souvenir dormant, un trésor caché, qui peut se transformer en bombe à retardement, en danger potentiel contre son destinataire qui n'a pu se résoudre à la détruire. Dans ce dernier cas, elle ne vaut pas par elle-même et elle ne mérite pas d'être connue du lecteur (seules nous sont communiquées quelques expressions ridicules de la demoiselle de l'Olympia à l'adresse de M. le Président de Chambre), elle n'est pas davantage détournée, simplement elle est après coup découverte et lue par des tiers : motif de rupture ou occasion de chantage. Bref la lettre, dans *Les Faux-Monnayeurs,* n'exploite guère ni les possibilités expressives ni la valeur d'adresse de la première personne ; le *tu* ou le *vous*, pas plus que le *je*, ne sont mis en évidence. La lettre vaut surtout comme support neutre et comme moyen, mais orthodoxe, si l'on peut dire, non perverti. Les effets de la lettre, dans *Les Faux-Monnayeurs,* n'empruntent rien à la mise en abyme ou à l'analyse intimiste. En revanche ces aspects sont dévolus, fondamentalement, au journal.

JOURNAL INTIME

L'introduction du journal intime dans le roman provoque un déplacement du

Guillaume Joseph Manguard, dit « Raoul l'anarchiste », arrêté pour avoir fabriqué de la fausse monnaie. *Le Petit Journal,* 24 août 1902. Ph. © Edimedia.

point d'équilibre, un transfert au profit du diariste, son auteur. Près de quinze chapitres (sur quarante-trois) sont consacrés à ce journal, et la plupart dans leur totalité. Il est notable d'ailleurs que cette présence croît au fur et à mesure que l'œuvre avance. Le journal d'Édouard occupe quatre chapitres et demi dans la première partie, sur dix-huit, un peu plus de deux sur sept dans la deuxième partie, et plus de sept sur dix-huit dans la troisième, où le dernier mot lui revient. De plus, il est introduit d'abord par une procédure vraisemblabilisante (Édouard, dans le train, relit une lettre, puis son journal, puis prend des notes sur un carnet ; ensuite Bernard lui subtilise sa valise, l'ouvre et, découvrant la lettre et le journal, les lit à son tour), mais dès le dix-huitième chapitre, à la fin de la première partie, le journal reparaît sans autre préparation, annonce ni motivation particulières. Cette présentation se perpétue par la suite, au début d'un chapitre ou au détour d'un paragraphe : le journal est définitivement accrédité dans le roman où, semble-t-il, il occupe structurellement la place laissée vacante par la première personne du narrateur.

Par sa nature même, un journal est tout à fait propre à conférer à celui qui le tient cette position de lieutenance. Seules limites, théoriques, celles des forces humaines, de la capacité d'intervention et de réflexion d'un individu. Dans le roman, Édouard ne contrôle pas la totalité des circonstances, tant s'en faut, et il est loin d'occuper seul le champ de l'expérience humaine qui s'y déploie. Mais ce qui passe à sa portée lui échappe moins qu'à d'autres, car il est, par goût, observateur, curieux et oisif, et, de surcroît, romancier, écrivain professionnel. Comment donc pourrait lui échapper le rôle de second narrateur, de narrateur en second des *Faux-Monnayeurs* ?

CARACTÈRES DU JOURNAL INTIME

On constate ainsi, dans *Les Faux-Monnayeurs,* un double mouvement : le journal intime impose certains de ses traits à la fiction romanesque ; le roman, en retour, modifie le journal intime selon ses besoins propres. Proximité et présence à soi, attention extrême aux fines aspérités, aux dépressions, aux méandres et aux faux-semblants du jeu intérieur, tel est le premier trait du journal intime. Mais il n'est pas seulement un écho privilégié, une résonance, particulièrement affinée par la pratique de l'introspection, aux mouvements du moi, il est aussi un dispositif à capter les manifestations du monde, surtout les événements en mineur, les plus fugitifs reflets : il excelle à attraper au vol l'éphémère et l'impalpable.

Subtil et serré dans sa saisie, le journal intime ne se prive pas pour autant, en un autre sens, de se donner pour une sorte d'improvisation libre, lâche, voire décousue. C'est qu'il ne doit de comptes qu'à lui-même, qu'il se soucie peu de l'apparat, qu'il n'a cure des préparations et des transitions, c'est qu'il est toujours prêt, et jamais apprêté. Sa seule cérémonie, sa célébration, c'est son particulier. Et ainsi, le journal intime s'autorise à passer de l'extrême précision à la plus grande fantaisie, il peut sauter du tatillon au désinvolte. Souvent, et non sans délectation, il les combine. Car, on le devine, s'il cultive la gratuité, il ne déteste pas la pose, quand il fait du souci esthétique le propos même de son éthique.

Sa relation au temps, de ce fait, est des plus originales. Il note le jour (c'est son nom), et parfois jusqu'à la minute, mais comme il passe volontiers du coq à l'âne, il néglige d'établir toujours des causes ou de prévoir des conséquences. Il écrit *devant lui,* son avancée est toute sa stratégie (affichée, non bien sûr toujours sa stratégie réelle, qui peut être particulièrement concertée et retorse). C'est pourquoi sa règle est la répétition, la pure reprise, ce qui ne signifie pas toujours la redite, car il n'hésite pas à se contredire ou à se dédire. Mieux : il peut s'en faire gloire, puisque son idéal avoué est la conformité à l'instantané du noté, du ressenti ou du pensé, contre l'image toute faite d'un moi mondain et contre les développements rétrospectifs ou anticipateurs des *mémoires* ou *confessions.*

Certes, un journal intime n'ignore pas nécessairement les grands mouvements historiques, les longues durées, les causalités complexes, les écheveaux de conséquences multiples et contradictoires. Mais ils interviennent au second plan, ou par ricochet. Son champ, son domaine propre et sa tonalité sont ceux du présent, du passé tout récent et du futur très proche. C'est là qu'il se sent chez lui : dans la répétition sans délais ni détours qui se veut coïncidence miraculeuse avec l'impalpable présent de son énonciation même.

Or cette énonciation rompue, immédiate, se donne comme autant de fragments de *réalité* : fragments dont la réalité est d'être un *texte écrit*. Comme la lettre, le journal serait du « réel », parce qu'il affirme renvoyer à un auteur repérable, unique, témoignant comme nul autre ne peut le faire à sa place de son exquise (ou banale) subjectivité, et aussi parce qu'il est un objet du monde, ces feuillets, ce cahier sur lequel s'étire ou se tasse une écriture... L'adhésion du lecteur ne porte pas sur telle ou telle notation, éventuellement discutable, ou insipide, ou révoltante, mais sur le substrat matériel et sur l'entreprise même d'y écrire ; non sur des énoncés contingents, mais sur l'irréfutable fait de l'énonciation intime. Le journal intime se veut et s'affirme par définition « hors fiction ».

Mais, à tant se dédier à lui-même, et à se donner pour un fragment du réel, le journal intime paraît faire fi de tout destinataire extérieur. Le journal intime partage encore avec la lettre (intime) d'être une écriture du moi dans l'instant, mais c'est une écriture sans autre visée explicite que ce moi, une écriture de ce moi comme autre instantané, toujours inconnu à soi mais toujours accessible, toujours proche, pris dans l'infini chatoiement du moi et de l'instant. C'est pourquoi cette écriture n'est nullement massive, saturante ; au contraire, elle est aérée, trouée, subtilement en décalage pour mieux adhérer à ce qu'elle poursuit, ou franchement déplacée pour atteindre ce qui en moi relève de l'autre, de la différence ou de l'intime divergence. Susceptible de l'investigation la plus fine, de la discrimination la plus subtile, elle est, avant tout, *style*, et dans toute la force de ce paradoxe : ce « style intime » est une *voix*, un ton que nul ne peut approcher ou reproduire, une identité en somme, parfaitement inimitable ; et il est un culte de la *lettre*, de l'écrit, l'exercice même de la littérature à la fois comme assomption de la subjectivité et *stylisation* du réel : un modèle culturel moderne (depuis le XIXe siècle), voué à susciter la vocation à l'écriture et le désir d'imitation.

Ce paradoxe nourrit celui de la destination du journal intime. Le journal intime se détourne du lecteur extérieur ; dans sa revendication d'autarcie, il l'exclut, mais aussi il l'appelle, il le convoque comme image redoublée de l'auteur, à la fois parce que l'auteur, instance valorisante, monopolise d'abord cette image à quoi le lecteur s'identifie, par douce superposition, amoureuse conjonction (je lis par-dessus ton épaule, contre ta poitrine, en toi, comme toi), ou par effraction plus brutale, plus « voyeuse » (je te surprends, je viole ton intimité, je te contemple à la dérobée, seul à jouir de ce que tu m'offres, de toi-même, de moi, contre tous, auxquels je dérobe aussi ce spectacle et cette jouissance) ; et parce que l'auteur, dans l'exercice du journal intime, ne prétend pas proposer un ouvrage fini, composé, poudré et calamistré, mais le délicieux négligé de l'œuvre qui s'invente au fur et à mesure que la plume trace les lettres : et cette fois, le lecteur n'est pas tant le voyeur (toujours séparé, fantasmant) que le pseudo-auteur même (s'il s'agit encore d'un fantasme, ce serait le fantasme d'une création) du texte qu'à l'instar d'Édouard, il relit, plume levée, dubitatif, admiratif, critique, concentré mais léger, disponible, prêt à poursuivre, à laisser, à corriger, à annoter. Tel apparaît au plus haut point Bernard, voleur charmant (comme Georges) et disciple amoureux (comme Olivier) de l'oncle-écrivain-diariste-modèle, Édouard.

De la sorte, si Édouard redouble l'auteur-Gide, Bernard introduit doublement le lecteur par effraction dans la lecture des *Faux-Monnayeurs* (par la scène de l'*incipit* et par celle du vol de la

Nicolas Poussin : *L'Automne ou La Grappe de la Terre Promise.* Musée du Louvre, Paris.
Ph. © Bulloz.
« Transplanté volontairement à Rome, il perdit tout désir de retour, on dirait même tout souvenir » (Paul Desjardin).

valise). Ici le roman dit sa dette au journal intime, qui lui impose moins sa manière que son *adresse* : le journal intime serait dans *Les Faux-Monnayeurs* le guide de lecture du roman, rôle dévolu dans les romans épistolaires à la lettre, et que la lettre ne remplit pas, comme nous l'avons noté, dans le roman de Gide. Le lecteur du journal intime étant potentiellement un autre auteur, donc un relecteur (le seul lecteur que Gide avoue souhaiter), il se fait l'inventeur de ces signes qui, littéralement, s'inscrivent sous ses yeux pour lui seul. Et ainsi, le lecteur du journal intime, boudé, exclu, est aussi le plus accepté, le plus convié, le plus intériorisé des *alter ego*. Autant vaut, en perspective, pour le lecteur des *Faux-Monnayeurs*, invité à lire *selon l'intime* : tenu en lisière, extérieur, et pourtant fraternellement associé à l'écriture, il est sollicité de se conduire à la fois comme un maître, comme un complice et comme un élève, comme Édouard, comme Passavant, comme Vedel, comme Strouvilhou, et comme Boris, comme Armand, comme Olivier, comme Bernard et aussi comme Vincent — bref comme un apprenti monnayeur de la vie faite écriture.

LE JOURNAL SAISI PAR LE ROMAN

Face au journal intime du romancier, le romanesque s'affirme, dans le sens inverse, sous ses espèces propres, le récit et la fiction. Tel est le retour de l'échange dans *Les Faux-Monnayeurs*. Intégré au roman, le journal intime n'y figure pas, le plus souvent, un moment d'absence au monde, repli sur soi du narrateur ou retrait du personnage loin de toute action. Il est plutôt lieu de réflexion, occasion de mise au point, il est aussi relance et tremplin. Il annonce des décisions, propose ou démonte des explications, il s'interroge sur des aspects obscurs. Plus directement, il se fait lui-même récit, au point de susciter le soupçon parfois, dans l'esprit du lecteur : ne serait-il pas alors qu'un moyen commode du romancier pour organiser sa fable? Certes, il arrive au journal intime (sous ses formes « pures », comme le journal de Gide lui-même) de se déployer narrativement. Mais, dans *Les Faux-Monnayeurs*, ce n'est pas tant la dimension de ces récits inclus dans le journal intime que leur *fonction* qui retient l'intérêt. Au cours de la première partie, en effet, dès le chapitre 8 et aux chapitres 11, 12 et 13, le journal d'Édouard ne se borne pas à des remarques et à des commentaires, il conte. Il conte les relations antérieures d'Édouard avec Laura, avec la famille Molinier, avec les Vedel-Azaïs; il rapporte tout au long le mariage de Laura et les entretiens de son auteur avec les anciens et les jeunes, Azaïs, Armand, Sarah; il relate sa première visite au vieux La Pérouse ; bref il met le lecteur en relation avec des milieux et des personnages divers par le moyen d'un récit attentif et circonstancié, qui fait à maintes reprises oublier qu'on lit un journal intime. Et comme ces récits permettent à Bernard et au lecteur de relier des segments d'intrigues et des personnages entre eux (Vincent et sa maîtresse inconnue, Laura et Édouard, Olivier et Armand) et d'étayer par des retours en arrière les informations fournies par une exposition *medias in res* dans la meilleure tradition épique, le doute n'est plus permis : le journal intime se met au service du roman, il se fait, en lui et pour lui, récit et raison d'événements passés. Le journal relaie le roman.

Mais aussi, inclus dans un roman, servant une fiction, ce journal nourrit une fiction et imagine un roman. Nous entrons ici dans la complexité propre aux *Faux-Monnayeurs*, puisque le journal intime est également le journal de travail du romancier et du roman. Dès les premières pages données à lire du journal d'Édouard, les notes prises au jour le jour (datées) sont celles, indissociablement, d'un personnage qui médite sur sa propre psychologie, en particulier amoureuse, et celles d'un écrivain qui réfléchit sur l'œuvre qu'il projette d'écrire. Ainsi, à la date du 26 octobre, Édouard, s'interrogeant sur la part du réel et de l'imaginaire dans le domaine des sentiments (en l'occurrence ses sentiments pour Laura Douviers), ajoute, sans autre préavis « C'est par un tel raisonnement que X, dans mon livre, s'efforcera de se détacher de Z — et surtout s'efforcera de la détacher de lui » (p. 74). Nous savions déjà, depuis la conversation d'Olivier et de Bernard au chapitre 3 (p. 38), que l'oncle Édouard écrit « des espèces de romans » — bien qu'il n'ait rien publié depuis longtemps — et que les parents font volontiers de lui le juge des productions littéraires de leurs enfants, à la grande confusion d'Olivier. Mais voici que nous apprenons que le roman qu'il prépare a pour titre... *Les Faux-Monnayeurs* ! Au rôle de substitut ou de relais du père, il joint celui de relais du narrateur, d'auteur en perspective, nous faisant part de ses réflexions, romancier à l'œuvre rassemblant des éléments pour son roman, qui, peut-être, ne diffère guère (du moins en rêve) de celui que nous lisons. Donc l'auteur, mais aussi le roman est mis en abyme : le journal intime se transforme partiellement en chantier d'une fiction, il devient l'auxiliaire et même le laboratoire du roman réel. Car (pour en rester à la première partie) à côté des narrations utiles, comme celle du mariage de Douviers et de Laura, cité plus haut, et même utilitaires, nécessaires à l'intelligence de ce qui suit — et qui ne sont pas données pour des fictions — le journal propose des scènes prises sur le vif, et soigneusement contées, comme la rencontre avec Georges : à quoi pourra donc servir cette anecdote ? se demande Édouard avec le lecteur. Et si je l'utilise dans mon roman, comment faire croire que l'oncle ignorait qui était son neveu ? Courage, le romancier sans doute saura y parvenir — c'est fait, il y est parvenu, le simple fait de poser la question dans le journal la rendant superflue dans les deux romans, l'un, le roman réel, parce qu'il est identifié au « réel » du journal, l'autre, le roman hypothétique, parce qu'il est son imaginaire. Le roman « réel » apparaît toujours suspect d'affabulation, alors que l'autre, celui auquel pense Édouard, plus « pur » d'être encore incréé, n'est-il pas « purement » au service du journal intime, ne devient-il pas l'une de ses raisons d'être, la principale peut-être, son alibi, comme le journal est l'alibi du roman « réel » ? La représentation du *work in progress*, redoublant le roman, dédouble la fiction, la sauve de ses incertitudes, la dédouane. Le roman d'un roman n'est pas un roman. C'est que le journal de travail du romancier est en fait la vérité de son roman : le journal intime de l'œuvre.

LE SPÉCULAIRE[1], LE VIRTUEL

1. Ce terme, qui vient de *speculum*, est l'adjectif, substantivé ou non, du nom *miroir*.

Le chassé-croisé du roman et du journal introduit donc à un jeu complexe de renversements et de miroitements. Le roman est écrit comme le journal d'un roman parce que c'est un journal écrit comme le roman d'un journal. Puisque le journal intime réunit en lui ce double caractère de se donner pour expression directe, non médiatisée, de son auteur (une voix) et œuvre littéraire, stylisation du réel (un texte), le journal intime-journal de bord du romancier, qui est à la fois inscrit dans le roman réel (celui de Gide) et qui porte en lui un roman potentiel (celui d'Édouard), peut jouer de toutes les modalités de la *représentation* : ou il fournit des matériaux « bruts » pour la fiction, ou il prépare des textes déjà élaborés, du « déjà littéraire », ou il établit les échafaudages, les passerelles et les procédures, toujours révocables, qui participent de l'élaboration du roman, ou enfin il se fait le premier critique de l'œuvre en gestation. Et c'est *simultanément* qu'il met en place toutes ces composantes, toutes ces figures, toutes ces étapes, tous ces miroirs, le fictif renvoyant au réel, le plein au vide, le romancier au roman, le contenant au contenu, le romancier-personnage au personnage du romancier, le produit à la production, et réciproquement. Le roman ne fait pas seulement du journal qu'il intègre et qui l'intègre du *réel écrit représenté,* il se constitue lui-même par son entremise en machine à agencer (et à déplacer) des *représentations de représentations,* la moindre n'étant pas celle de sa propre activité.

Les Faux-Monnayeurs ne sont pourtant pas un pur roman réflexif, un jeu étourdissant mais simple de mise en abyme plaçant en perspective linéaire une image infiniment répétée. Le jeu en abyme, on l'a vu, est sollicité mais faussé par principe, décalé toujours, déconcerté : les images emboîtées ne sont ni vraiment complètes, ni toujours « au point », ni nécessairement homogènes, ni clairement hiérarchisées. En fait, le roman utilise la réflexion et la fragmentation propres au journal pour multiplier les effets convergents-divergents, les éclats, les superpositions et les sautes du sens. Ce roman-kaléidoscope où tournent plusieurs plateaux de représentations figurées à des échelles différentes conjoint ainsi l'extrême de la réflexivité subjective et l'extrême de la réflexion-réfraction objective, par un système sans doute unique d'optique littéraire. Sollicité à ce point, dérouté, séduit peut-être, le lecteur se demande si l'éblouissement ne confine pas à l'aveuglement. Du moins comprend-il que *Les Faux-Monnayeurs* ne se soucient pas tant du fictif que du *virtuel*. Ils s'ordonnent selon les rapports que l'écrivain, lui-même multiple, entretient avec la multiplicité ouverte de son œuvre.

Ouverture, virtualité : en si bonne route, et en toute logique, on ne s'arrête pas là. Le système des reflets en trompe-l'œil par emboîtements-déboîtements excède l'œuvre particulière pour toucher à d'autres œuvres que *Les Faux-Monnayeurs*, les « Mémoires » (*Si le grain ne meurt*), le *Journal* de Gide et surtout le *Journal des Faux-Monnayeurs* — nouveau palier de la mise en abyme. Car ce qui est en jeu dans l'écriture gidienne, ce n'est décidément pas l'illusion du réel qu'il s'agirait d'arrêter, de dénoncer, mais le surgissement même du virtuel qu'il s'agit de fonder, par un système particulièrement complexe d'énonciations en miroir.

LE *JOURNAL DES FAUX-MONNAYEURS*

Interrogé en 1949 par Jean Amrouche sur les circonstances de la composition des *Faux-Monnayeurs*, André Gide insiste sur la fonction romanesque du journal d'Édouard : « Ce ne sont pas du tout des réflexions à côté du récit ; c'est, la plupart du temps, un apport au récit lui-même, ce journal d'Édouard », et il ajoute : « Le *Journal des Faux-Monnayeurs*, c'est quelque chose de tout à fait différent. Justement, le *Journal des Faux-Monnayeurs* n'entre absolument pas dans le récit, ne fait pas partie du livre. » À J. Amrouche qui lui fait remarquer qu'il a eu « la tentation de l'y verser », il répond : « Eh bien, cela aurait été une grave imprudence ; je suis content de ne pas l'avoir faite. » On peut rapprocher cette opinion du prix Nobel octogénaire, à propos d'un travail datant alors de près de trente ans, des termes de sa dédicace de 1926. Le *Journal des Faux-Monnayeurs* serait, à l'en croire, des « cahiers d'exercices et d'études » dédiés, par-delà Jacques de Lacretelle, à « ceux que les questions de métier intéressent ». Même si le *Journal des Faux-Monnayeurs*, est à l'évidence un *autre* ouvrage que celui dont il porte le titre dans son titre, on peut douter que les relations qu'il entretient avec *Les Faux-Monnayeurs* soient limitées à un aspect purement technique. Par bien des traits, il est le complément, la continuation, voire la réduplication du journal d'Édouard, dont il partage, en l'accentuant, l'ambiguïté majeure. En ce sens, les frontières des deux œuvres perdent de leur netteté, elles s'interpénètrent.

Il peut donc être aventuré d'utiliser sans autre précaution ce texte comme un pur document, un dossier neutre au service du roman. Il ne s'agit guère, par exemple, de ce véritable journal de bord où, comme il l'affirme dans son journal (7-8-1919), *« inch by inch »*, Gide noterait les « progrès » de son travail. Est-ce de même un vrai dossier ? Les brouillons de l'œuvre sont en effet, pour la plupart, ailleurs — occultés. Gide note lui-même, à la date du 13 janvier 1921, qu'il inscrit « par ailleurs », « sur les fiches, ce qui peut servir : menus matériaux, répliques, fragments de dialogues, et surtout ce qui peut [l]'aider à dessiner les personnages ». Mais on sait que le *Journal*, parallèlement au *Journal des Faux-Mon-*

nayeurs, contient des notes de travail et des remarques sur l'élaboration des *Faux-Monnayeurs*. Ces redoublements, ces écarts et ce négligé tranchent sur l'ordonnance subtilement « nettoyée » du *Journal des Faux-Monnayeurs*. C'est que, journal de l'œuvre, il contemple et commente plus encore le travail de l'œuvre qu'il n'en rend compte, comme Gide l'indique à la date du 17 juin 1919 : « J'inscris sur une feuille à part les premiers et informes linéaments de l'intrigue (d'une des intrigues possibles) », ou lorsqu'il considère, le 13 janvier 1921, ne devoir noter dans ce carnet que « les remarques d'ordre général sur l'établissement, la composition et la raison d'être du roman ». Il faut, ajoute-t-il alors, que ce carnet devienne en quelque sorte « le cahier d'Édouard ». Comme, en appendice, le lecteur peut consulter également le « Journal de Lafcadio » et, en d'autres lieux, le *Journal* de Gide, la pléthore une fois encore redouble l'ellipse. Avons-nous affaire au cahier d'Édouard, ou au cahier d'André Gide, ou à une vue perspective les réunissant tous deux ? L'inscription en abyme de l'écrivain et de son œuvre dans leur journal commun mêle les pistes et invite à la prudence, d'autant que Gide, à la fois, dissimule et affiche ses ambiguïtés.

Mince ouvrage, très fragmenté, très composite, le *Journal des Faux-Monnayeurs* est aussi à l'évidence très *composé* : deux parties successives conduisent le lecteur du 17 juin 1919 au 9 juin 1925 ; elles sont suivies des extraits de presse relatant les faits divers qui sont à l'origine de l'idée du roman, d'une correspondance avec des lecteurs, puis de deux fragments importants, le « Journal de Lafcadio » et un petit traité de la non-existence du diable intitulé *Identification du démon*. La fragmentation et la diversité du *Journal* sont savamment organisées en vue d'un effet esthétique que l'auteur contrôle de bout en bout, et soutenues, relevées, unifiées par la simplicité subtile et souveraine du ton. Clair et complexe, comme le roman, concerté et aéré comme lui, mais plus que lui encore placé sous le signe royal de son auteur, maître de son propos et de sa manière. Ce qui n'empêche pas, au contraire, que le détail quotidien ne témoigne, plus encore que dans le journal d'Édouard, des efforts, des douleurs, des « pannes » même et des remaniements incessants du travail gidien. Gide excelle à conjoindre et à balancer ces aspects en partie opposés. Et ainsi la première fonction, la plus importante peut-être, de ce *Journal des Faux-Monnayeurs*, qui relève la modestie volontaire de la dédicace, est de conter la passion, intime et publique, de l'écrivain : de dresser son portrait — portrait douloureux et glorieux de l'écrivain en romancier. Il se fait à cet usage le *journal intime* du romancier, il redouble le *Jour-*

45

nal en témoignant des sentiments et des états d'âme de son auteur et en rappelant des événements liés à l'élaboration romanesque (visites, lectures, voyages, conversations).

Mais aussi, *cahiers d'observation et de commentaires*, le *Journal des Faux-Monnayeurs* accompagne réflexivement les efforts du romancier et la mise en œuvre du roman : il est de ce fait l'*observatoire de l'œuvre en gestation* et le premier *ouvrage critique* composé à son sujet. On comprend que ces deux dernières fonctions soient très étroitement liées, lorsque Gide s'interroge sur le choix du point de vue narratif ou sur ses personnages, qu'il caractérise par un mot, une tournure (la faute de français de Sarah, 1-11-1922), une façon de s'exprimer (la femme qui ne termine pas ses phrases, et deviendra Mme Vedel, pastoresse, 8-2-1924) ; mais aussi des personnages, à un certain degré de maturation, sont définis abstraitement et synthétiquement, car leur figure morale est cernée, ainsi Bernard, Olivier, Vincent, à la date du 23 février 1923, ou Lady Griffith, le 31-3-1924, ou Boris, le 27-7-1924 — à moins qu'il ne faille remanier les passages qui le concernent, car il est trop proche de son modèle réel, tel La Pérouse (3-11-1923), ou que, découvert à mesure que le texte se constitue, il apparaisse plus intéressant et plus attachant que prévu (Profitendieu, 6-7-1924). Pour Édouard, l'effort est autre :

La perte du plus grand paquebot du monde : le Titanic. Gravure extraite du *Petit Journal*. Ph. © Edimedia.

« J'étais sur la *Bourgogne,* tu sais, le jour où elle a fait naufrage. »

47

il lui faut *écarter* ce personnage de lui. Bref, comme il le remarque à la suite d'Albert Thibaudet, « le romancier authentique crée ses personnages avec les directions infinies de sa vie possible ; le romancier factice les crée avec la ligne unique de sa vie réelle. Le génie du roman fait vivre le possible ; il ne fait pas revivre le réel » (p. 96).

Ce n'est pas tout. Le *Journal des Faux-Monnayeurs* remplit aussi la fonction de *dossier de l'œuvre*. Il reproduit par exemple des extraits d'articles de la presse d'avant-guerre relatant l'un une « affaire » de faux-monnayeurs, l'autre le suicide atroce d'un lycéen de quinze ans : les remarques du 16 juillet 1919 introduisent à ces extraits, publiés en appendice, les rapprochent d'autres « affaires », et les situent à l'origine de la genèse du roman. Dans la droite ligne de ce gisement, la vie quotidienne. Le *Journal des Faux-Monnayeurs* consigne pour le roman des phrases saisies au vol, des conversations prises sur le vif, des « choses vues », des scènes curieuses ou exemplaires, des anecdotes frappantes. Le réel qui s'y manifeste n'est pas d'un ordre très différent de celui des faits divers que rapportent les coupures de presse : extérieur à l'écrivain, il résonne en lui de façon toute particulière. Mais le journal va plus loin encore : *cahier d'exercices et d'études,* selon les termes de la dédicace, il consigne des citations, des formules retenues de lectures (exemples,

Dostoïevski, W. James), il propose des ébauches de situations, de dialogues, de plans, à la limite du brouillon, il note des idées, des thèmes, dont les uns seront conservés, d'autres modifiés, d'autres abandonnés (la jeune fille monstrueuse dans le train, en août 1921), d'autres utilisés ailleurs (les deux sœurs amoureuses du même homme). Certaines scènes, prises sur le vif, sont déjà rédigées, développées (le vol du livre chez le bouquiniste, 3-5-1921), certains passages plus condensés sont pourtant déjà fort élaborés (la maxime de Bernard, 20-8-1922, ou l'argumentaire spécieux de celui qui, ayant perdu puis regagné une somme destinée à un usage « noble » et important, renonce à son premier usage et s'estime déchargé de cette dette, 25-7-1919, ou encore le code de conduite de « ces enfants », le 10 août 1924, que l'on retrouve à la pension Vedel dans la troisième partie du roman), mais ces textes ne sont pas toujours assignés à un personnage arrêté et baptisé (X, fils de pasteur, dans le *Journal des Faux-Monnayeurs*, deviendra Vincent, le fils du juge, dans *Les Faux-Monnayeurs*), ou bien les noms n'ont rien à voir avec ceux du roman et font davantage penser à ceux que l'on trouve dans le *Journal* de Gide (Lucien, Jude, Valentin). Le « Journal de Lafcadio » et l' « Identification du démon » sont de tels passages, déjà écrits, que l'auteur repousse en appendice, leur conférant un statut plus autonome, d'autant qu'ils ne seront pas repris tels quels dans *Les Faux-Monnayeurs* : l'un s'y dilue, sans s'y perdre, car il est essentiel, l'autre est présenté comme « premier projet » — alors que le personnage de Lafcadio, d'abord très présent, jusqu'au cours de l'été 1921, disparaît ensuite des notes. *Les Faux-Monnayeurs*, décidément, ne sont pas une sotie.

GENÈSE I

En regard, la fonction qu'on reconnaît d'ordinaire comme la plus propre au *Journal des Faux-Monnayeurs*, celle de *chronique* de l'œuvre, apparaît bien plus apprêtée, plus liée au projet de valorisation de l'écrivain, et partant de moindre importance. Le chroniqueur se fait le romancier de son roman. Jugeons-en :

7 décembre 1921, dernière journée notée du premier cahier. Gide annonce, depuis Cuverville :

« Depuis treize jours que je suis ici, j'ai écrit les trente premières pages de mon livre sans difficulté presque aucune et *currente calamo* — mais il est vrai que, depuis longtemps, j'avais cela tout prêt dans ma tête. À présent me voici arrêté. Me repenchant sur le travail d'hier, il me paraît que je fais fausse route... »

La rédaction des *Faux-Monnayeurs* a commencé. Deux ans et demi après l'ouverture du *Journal des Faux-Mon-*

nayeurs les premières lignes du roman s'écrivent enfin. Pourtant, le 17 juin 1919, dès la première phrase, le narrateur et le projet sont déjà en place, déjà à l'œuvre, déjà *en balance* (non en doute) : « J'hésite depuis deux jours si je ne ferai pas Lafcadio raconter mon roman. » Les extraits de journaux relatant les faits divers dont Gide s'inspire, et qu'il réunit, qu'il combine, ont déjà travaillé en lui. Plus tôt encore, dès 1914, publiant *Les Caves du Vatican,* Gide annonçait la parution prochaine d'un « roman », *Le Faux-Monnayeur*. Dès 1910, le *Journal* témoigne de son désir d'écrire un roman complexe. Beaucoup plus tôt encore, dès avant 1900, Gide confie sa prédilection pour l'écriture en abyme, comme on fait des blasons — selon ce goût ou cette nécessité s'écriront *Les Cahiers d'André Walter,* en 1891, et *Paludes,* en 1895...

Le *Journal des Faux-Monnayeurs* porte ainsi en lui un « avant » et un « déjà » qui repoussent les linéaments de l'œuvre dans l'indéfini du passé gidien. Le temps qui s'est écoulé, non comptabilisable, jusqu'à l'automne 1921, s'annule dans le surgissement de l'écriture, reproduit en miroir au début du douzième chapitre de la troisième partie des *Faux-Monnayeurs* :

« Exaltation calme et lucide. Joie inconnue jusqu'à ce jour. Écrit trente pages des *Faux-Monnayeurs*, sans hésitation, sans ratures. Comme un paysage nocturne à la lumière soudaine d'un éclair, tout le drame surgit de l'ombre, très différent de ce que je m'efforçais en vain d'inventer... » (p. 322).

Édouard, illuminé et apaisé par la nuit qu'il a passée avec Olivier, confirmation fugitive de lui-même, découvre l'œuvre qu'il porte depuis si longtemps en lui, à la fois différente et semblable, à l'image de Gide traçant enfin les premières lignes des *Faux-Monnayeurs* : d'autant plus longue et douloureuse en a été la gestation. Le *Journal des Faux-Monnayeurs* la donne à lire comme le roman d'une angoisse, visible à travers le feston des jours. Du premier cahier, on retient surtout cette peine et ces tâtonnements, attestés dans telle lettre à Valéry du 6-10-1919 : « Je me suis tordu le cerveau, durant presque tout l'été, au-dessus d'un travail absurde... », traversés par une visite (en juillet 1919, lecture à Copeau du début « encore incertain » du livre), une illumination (le 22-4-1921, révélation de la rencontre d'Édouard et de Lafcadio sur un quai de gare), creusés d'une longue vacance (septembre 1919-novembre 1920), aérés, meublés ou divertis par d'autres tâches (la rédaction de *Si le grain ne meurt*), soutenus par quelques règles : résister au système de fiches et de notes à la manière de Roger Martin du Gard (1-1-1921) et ne pas chercher à nouer tous les fils ; jalonnés enfin par quelques évidences : les idées, dans le roman, ne peuvent être exprimées qu'en fonction des personnages, dont elles sont physiologiquement indissociables (17-6-1919 ; 13-1-1921) ; les points de vue narratifs doivent être partiels, successifs (26 et 28-7-1919 ; 21-11-1920) ; l'action, qui en rien ne doit prétendre être « la peinture exacte de l'état des esprits avant la guerre » (tranche de vie honnie), se passera à l'époque où régnait encore la monnaie-or (19-6-1919), elle ne devra se déchiffrer que peu à peu, par communication d'indices rares et épars (21-11-1920) ; des enfants, des jeunes gens, des adolescents y joueront un rôle important, en révolte contre la génération précédente (17-7-1919), bande de faux-monnayeurs affirmant s'occuper aussi de politique et de littérature, jeune voleur de livre, collégien suicidaire — le tout sous l'influence de « pervertisseurs » et sous la conduite secrète du diable (2-1-1921) dont le « traité de la non-existence » pourrait bien devenir le sujet central du roman.

Bon génie de l'œuvre, Roger Martin du Gard aiguillonne constamment le romancier en péril. Gide sollicite cette aide, merveilleusement aveugle aux qualités mêmes de l'écrivain Gide :

« Chacun de vos livres exprime un petit coin de vie [...] Mais aucun n'exprime la vie [...] Le jour où vous écrirez « l'œuvre large et *panoramique* que j'attends de vous (que vous m'avez parfois semblé attendre vous-même), tout ce que vous avez écrit jusque-là vous semblera une série d'études prépa-

1. Comme R. Martin du Gard le reconnaîtra lui-même plus tard : « Amusant, confie-t-il à J. Delay, cet effort ingénu pour convaincre Gide d'écrire *Les Thibault* ! »

ratoires » *(Correspondance Gide-Martin du Gard,* 22-7-1920).

À quand ce « vaste sujet sans limites », « ce bel enchevêtrement d'histoires, complexe comme la vie » ? À quand *Les Thibault* ? Mais l'illimité de Gide n'est pas celui de Martin du Gard[1].

GENÈSE II

Avec le second cahier commence le temps de la rédaction, au courant de la plume : le romancier ne sait pas où il va, mais il sait qu'il doit y aller ainsi — « c'est ainsi que *ce* livre doit être écrit », lit-on dans le *Journal* du 1-12-1921. Écriture interrompue (comme le suggère mimétiquement l'espacement des dates du *Journal des Faux-Monnayeurs* — la note du 28 novembre 1921 est suivie immédiatement par la mention du 20 août 1922, ou encore, au 1ᵉʳ novembre 1922 succède le 23 février 1923, au 5 mars le 3 novembre de la même année), puis de plus en plus resserrée, puis impatiente, et comme désireuse d'en finir : ce roman d'une écriture est l'histoire d'une prise lente, hasardeuse, puis plus sûre, et d'une déprise emballée.

C'est au début de ce cahier que Gide formule son principe majeur, énoncé immédiatement avant le moment de la première rédaction : l'idée que le livre devra ressembler à une ellipse dont les deux foyers, le réel, les faits, d'une part, et d'autre part l'effort de stylisation du romancier, soient en opposition complémentaire (août 1921). À la date du 11-10-1922 Gide note que le processus de développement du roman est régressif : ce qui s'ajoute repousse toujours plus loin ce qui était prévu d'abord, la rencontre sur le quai d'une gare. Principe concomitant : ne pas amener trop vite au premier plan les personnages importants et ne pas les décrire, ou à peine, au contraire des comparses épisodiques (28-10-1922). Parallèlement, le roman prend la forme que nous lui connaissons : la première scène, où figure Olivier, se tiendra au jardin du Luxembourg, bien plus intéressant qu'un café, et auquel il serait souhaitable de conférer une atmosphère fantastique. Alors que les personnages se dessinent de plus en plus nettement au cours de l'année 1923, Gide lit « les dix-sept premiers chapitres » à Jacques Rivière fin décembre. Règle d'or, souvent rappelée ensuite, énoncée le 3 janvier 1924 :

« La difficulté vient de ceci que, pour chaque chapitre, je dois repartir à neuf. *Ne jamais profiter de l'élan acquis* — telle est la règle de mon jeu. »

Règle inverse exactement de celle que lui recommande R. Martin du Gard, qui l'invite à lier et à développer, le met en garde contre l'introduction parasite de suppléments « curieux », critiquant son goût excessif de la complication « cérébrale ». Mais Gide sait tenir compte de qui, le connaissant et le méconnaissant, l'aide :

« Il fut le seul que je consultai, et dont j'appelai les conseils : je ne notai que ceux contre lesquels je regimbai, mais c'est que je suivis les autres — à commencer par celui de réunir en un seul faisceau les diverses intrigues des *Faux-Monnayeurs* qui, sans lui, eussent peut-être formé autant de récits séparés. Et c'est pourquoi je lui dédiai le volume » (*Journal*, 17-4-1928).

1924 : c'est le moment où, selon Gide, le livre semble parfois doué de vie propre, mais le principe ne varie pas : ne pas forcer le fruit, laisser venir à maturité. 14 février 1924, relecture de *Tom Jones* ; Gide ne devrait-il pas, comme Fielding, élargir, intervenir dans son récit ? 17 mai 1924 : rédaction des trois chapitres précédant la rentrée à la pension. L'écriture du roman a dépassé largement le stade des préliminaires, et le lecteur, brusquement, à partir du 1er novembre 1924, sent chez l'auteur un autre désir :

« Je devais partir le 6 novembre pour le Congo ; toutes dispositions étaient prises, cabines retenues, etc. Je remets le départ en juillet. Espoir de finir mon livre (ce n'est d'ailleurs pas là la raison majeure qui me retient). »

8 mai 1925 : contre le conseil de Martin du Gard, Gide se persuade de ne pas allonger indéfiniment le roman en profitant de l'élan acquis. Ce que, dans ses

Notes sur André Gide, Martin du Gard rappelle de son côté :

« Gide projetait d'écrire plusieurs autres chapitres avant l'achèvement de son livre ; mais l'entrain avait faibli. C'est à ce moment qu'est venue sous sa plume la petite phrase fameuse : " Je suis bien curieux de connaître Caloub. " Elle lui a paru être, comme il disait, un si suggestif " mot de la fin ", qu'il a aussitôt décidé de s'en tenir là, — enchanté d'être quitte. »

En des termes plus généraux de « poétique », Gide formule dans le *Journal des Faux-Monnayeurs* sa propre règle de la fin :

« Ce qui m'attire vers un nouveau livre, ce ne sont point tant de nouvelles figures, qu'une nouvelle façon de les présenter. Celui-ci s'achèvera brusquement, non point par épuisement du sujet, qui doit donner l'impression de l'inépuisable, mais au contraire, par son élargissement et par une sorte d'évasion de son contour. Il ne doit pas se boucler, mais s'éparpiller, se défaire... »

Cette règle d'une fin qui ne finit pas est énoncée dans le roman, sous le chef d'Édouard, dès la rédaction par le romancier fictif des trente premières pages du roman en abyme (p. 322) :

« X soutient que le bon romancier doit, avant de commencer son livre, savoir comment ce livre finira. Pour moi, qui laisse aller le mien à l'aventure, je considère que la vie ne nous propose jamais rien qui, tout autant qu'un aboutissement, ne puisse être considéré comme un nouveau point de départ. " Pourrait être continué... " c'est sur ces mots que je voudrais terminer mes *Faux-Monnayeurs*. »

De même que le commencement se différait en son origine même, la fin se prévient et s'anticipe elle-même, se rêve comme une série de recommencements, ce qui autorise paradoxalement à l'abréger, à la diluer, à l'ouvrir à l'imagination du lecteur, comme en atteste en plus d'un endroit le *Journal des Faux-Monnayeurs*. Ainsi, le 23-11-1923 :

« Il sied, tout au contraire de Meredith et de James, de laisser le lecteur prendre barre sur moi — de s'y prendre de manière à lui permettre de croire qu'il est plus intelligent que l'auteur, plus moral, plus perspicace et qu'il découvre dans les personnages maintes choses, et dans le cours du récit maintes vérités, malgré l'auteur et pour ainsi dire à son insu. »

Ce sera, moins ironiquement, le mot de la fin du *Journal des Faux-Monnayeurs* : « Mais, tout considéré, mieux vaut laisser le lecteur penser ce qu'il veut — fût-ce contre moi. » L'image proche mais négative de « X » (Roger Martin du Gard) soutient *a contrario* dans le roman ce principe majeur de la composition gidienne, qui gouverne la tenue de la narration comme le développement des personnages, comme la règle de vie de

Le sanatorium. Lithographie signée Florane pour le numéro spécial de *L'Assiette au Beurre*, 1905. Bibliothèque des Arts Décoratifs, Paris. Ph. Archives Jean-Loup Charmet.
« Ce que je suis devenue là-bas, seule et abandonnée à moi-même, à la convalescence, au printemps... »

Bernard, comme, en fait, la vie de Gide : l'avancée sans repères, l'invention sans présupposés, l'infini rebond, l'écart toujours... (Et aussi, contradiction à l'œuvre, le continuel travail, la préparation sans répit, la plus extrême attention à soi.) Ne jamais en finir, et pour cela terminer vite — passer à autre chose, faire un pas de côté, partir pour ailleurs, cet ailleurs inscrit au cœur même du roman : l'Afrique noire, le cœur du continent inconnu.

Cette tentation en mars se précise, s'accentue : Gide décide donc de résumer les derniers chapitres prévus (car, bien sûr, il prévoit) en un seul. Dernières inquiétudes, dernières mises au point : pour réduire la disproportion de la deuxième partie, bien mince, ne faudrait-il pas isoler les chapitres de Saas-Fée, et constituer trois parties (mai 1925) ? Gide arrête cette disposition. Le 9 juin : « Hier, 8 juin, achevé *Les Faux-Monnayeurs*. » Juillet : embarquement pour le Congo, avec Yves Allégret. L'auteur s'esquive, au lecteur de jouer...

ROMAN-ELLIPSE

Est-il possible de dégager, de ces cahiers d'étude, les *principes d'élaboration généraux* du roman ? Il n'y a pas de loi du roman, soit, mais, en termes de métier, les pratiques ne s'équivalent pas. Ainsi :

« Le mauvais romancier construit ses personnages ; il les dirige et les fait parler. Le vrai romancier les écoute et les regarde agir ; il les entend parler dès avant que de les connaître, et c'est d'après ce qu'il leur entend dire qu'il comprend peu à peu *qui* ils sont » (27-5-1924).

De même, Gide oppose au romancier qui ne lui convient pas, comme Tolstoï ou Martin du Gard, tel autre dont il tente de se rapprocher ou souhaite s'inspirer (Fielding, Stendhal, Dickens, Dostoïevski). Mais ces modèles sont bien divers. Et comme sa pratique est peu systématique, à la fois attentiste et spontanée, patiente et inopinée, ce ne sont pas les « principes », règles contingentes, qui importent ici, ni encore les thèmes du roman (aussi essentiels soient-ils à sa compréhension), mais la *stratégie d'écriture*, évidemment en relation avec ces thèmes, et, tout particulièrement, la relation d'opposition et de complémentarité, à l'intérieur du roman comme entre le roman et son journal, qui lient la fonction romanesque et la fonction critique. L'écrivain, le romancier, rédacteur du journal, est au centre du roman : son rapport au réel est au centre de ce centre.

La formule de ce rapport fondamental est livrée par le *Journal des Faux-Monnayeurs* à l'ouverture du deuxième cahier, en août 1921 (et, en termes proches, dans le roman, par l'entremise d'Édouard, deuxième partie, chapitre 3, p. 185). Alors que le premier cahier parlait de distinguer, de « démêler des éléments » de tonalité trop diverses, l'analyse, ici, oppose et met en relation, selon un principe duel :

« Il n'y a pas, à proprement parler, un seul centre à ce livre, autour de quoi viennent converger mes efforts ; c'est autour de deux foyers, à la manière des ellipses, que ces efforts se polarisent. D'une part, l'événement, le fait, la donnée extérieure ; d'autre part, l'effort même du romancier pour faire un livre avec cela. Et c'est là le sujet principal, le centre nouveau qui désaxe le récit et l'entraîne vers l'imaginatif. »

Le roman, en ce point crucial, est plus ambigu et plus dramatique que son journal : il exerce sa capacité d'invention aux dépens du romancier fictif. En effet Édouard, s'en expliquant à l'intention de Laura, Sophroniska et Bernard, réunis à Saas-Fée, s'exalte, se contredit et se ridiculise. Telle est du moins la leçon qu'en donne Gide, romancier, et qu'Édouard lui-même confirme ensuite dans son journal (II, 3). Le système du double foyer, dans *Les Faux-Monnayeurs,* est présenté comme une tentative du romancier fictif pour justifier sa risible *impuissance.* Dans le *Journal des Faux-Monnayeurs,* il se donne pour une solution possible, et des plus subtiles, aux difficultés considérables du romancier réel. Or le double foyer est un principe de déstabilisation (il « désaxe » le récit), d'écart avec le réel (il « entraîne vers l'imaginatif »), de dédoublement, eux-mêmes dessinés en abyme. On pourrait dire ainsi que le roman s'élabore à partir de cet écart, de son *exposition* critique. C'est, dynamiquement, l'image de cette image qui sert de référence, et cela à l'infini, puisque Édouard imagine un romancier dans son roman. De sorte qu'il n'y a sans doute pas deux foyers, antagonistes et irréductibles, mais des systèmes emboîtés, complémentaires et antagonistes, d'ellipses à deux foyers, ainsi que le suggère (de manière... elliptique) dans le *Journal des Faux-Monnayeurs* la phrase qui suit l'exposé du modèle géométrique du roman :

« Somme toute, ce cahier où j'écris l'histoire même du livre, je le vois versé tout entier dans le livre, en formant l'intérêt principal, pour la majeure irritation du lecteur. »

On retrouve ici l'allusion de Jean Amrouche et la réticence ultérieure de Gide. Quel sens y aurait-il à « verser » le journal dans le roman ? On peut croire le Gide de 1948 sincère. Mais non innocent. Faut-il en effet comprendre que l'écrivain aurait imaginé à une certaine époque d'intégrer le *Journal des Faux-Monnayeurs* dans *Les Faux-Monnayeurs*, et qu'il y aurait renoncé ? Les choses ne sont pas si simples, et Amrouche ne pouvait s'attendre à d'autre réponse que celle, faussement naïve, d'un Gide fort sur ses gardes ! Encore une fois, c'est le roman, non le romancier, qui éclaire son journal ! Qu'en est-il dit en effet dans le chapitre 3 de la deuxième partie, lieu central des *Faux-Monnayeurs*, et lieu décentré, surplombant le roman du haut des purs sommets de la Suisse (plus central encore et plus surplombant que les remarques de l'auteur qui suivent, au chapitre 7) ? Une lecture croisée du roman et du journal s'impose. Il y a plusieurs façons de verser un commentaire critique dans un ouvrage lui-même critique, et celle de Gide, on peut le parier, n'est pas la moins ironiquement complexe ! Le roman est tout entier dans son journal, pour autant que l'un et l'autre sont « versés » et renversés dans le « réel » qui est supposé résister à l'œuvre et mettre à l'épreuve le romancier.

UN ROMANCIER RIDICULE

Question, donc : Édouard est-il un romancier inconséquent, et, partant inefficace ? Oui, dit Gide, et quand il en prend conscience, il en a honte :

« L'illogisme de son propos était flagrant, sautait aux yeux d'une manière pénible. Il apparaissait clairement que, sous son crâne, Édouard abritait deux exigences inconciliables, et qu'il s'usait à les vouloir accorder » (p. 186).

« Je n'ai dit que des âneries », reconnaît à son tour Édouard dans son

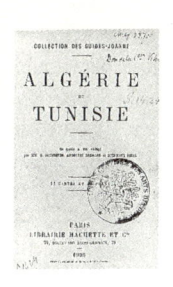

Couverture du Guide Joanne pour l'Algérie, 1905. Bibliothèque des Arts Décoratifs, Paris. Ph. Archives Jean-Loup Charmet. « Le petit déclara soudain que ″ ce qu'il aimait le mieux ″ c'était ″ la géographie ″. »

journal (p. 190). Des âneries, est-ce si sûr ? Que s'est-il donc passé ? La conversation roule sur le roman d'Édouard. Interrogé par ses compagnons de villégiature, Édouard avoue qu'il a beau y penser depuis longtemps, il n'en a encore aucune idée précise. Ce roman, en fait, il le reconnaît, ne ressemble « à rien ». Conscient de l' « inconvenance », de l'« outrance » et de l' « absurdité » de ses paroles — du moins craint-il qu'elles n'apparaissent telles « au jugement de Bernard », son très inemployé secrétaire — Édouard s'enfonce dans cette impasse, avec le sentiment de délectation sombre de qui se perd et le sait. Ce qui est d'abord en jeu ici, on le voit, c'est le rapport de personnage à personnage. Le romancier est parasité par l'amant en lui, potentiel et inabouti, d'un jeune homme charmant qui lui échappe comme il s'échappe à lui-même. L'impuissance du romancier est le signe, le révélateur d'un trouble et d'une impuissance d'un autre ordre. Si Bernard a barre sur lui et le précipite dans l'impuissance ridicule, c'est qu'il y a eu maldonne : Bernard n'est pas le « bon objet », à la différence d'Olivier qui, plus tard, saura avancer toujours sur son œuvre, selon Édouard, des remarques profitables, heureusement accordées à ses projets d'écrivain. Est-ce à dire qu'avec lui Édouard pourrait vaincre son impuissance littéraire, et composer enfin le roman dont il caresse la chimère ? Nous ne l'apprendrons jamais — à moins que *Les Faux-Monnayeurs*, ce texte que nous lisons, ne soient précisément cette œuvre ? Cela ne serait vrai qu'au sens où Édouard, personnage, pourrait être assimilable à Gide, l'auteur. Or Édouard est mis en cause en tant que double du romancier.

Voyons les attendus. Dans le *Journal des Faux-Monnayeurs*, Gide explique que les idées d'Édouard sur la littérature (exposées à la date du 1er novembre 1922), si « judicieuses » soient-elles, c'est-à-dire gidiennes, ne doivent pas lui être toutes accordées. Certaines sont hautement hasardeuses, comme ce « roman pur » dont il se fait le héraut. « Au surplus, ajoute Gide, ce pur roman, il ne parviendra jamais à l'écrire. » Que penser d'un tel « surplus » qui engage l'essentiel et autorise le jugement le plus dur du romancier sur son personnage : « C'est un amateur, un raté » ? Mais Gide n'est pas dupe : « Personnage d'autant plus difficile à établir que je lui prête beaucoup de moi. Il me faut reculer et l'écarter de moi pour bien le voir », ajoute-t-il immédiatement. On ne saurait mieux dire. Gide ne joue pas avec Édouard, il lutte avec lui, comme Édouard lutte avec Bernard, avec Laura et Sophroniska, tous ironiques interlocuteurs. Gide aussi a lutté avec Copeau, avec Rivière, ses premiers lecteurs, et surtout avec et contre Martin du Gard, qui a activement et amicalement collaboré à l'élaboration des *Faux-Mon-*

nayeurs. Combat, pour une bonne part, avec soi-même. Le roman est ce combat, dont le chapitre 3 de la deuxième partie relate ironiquement le drame, et dont le *Journal des Faux-Monnayeurs* expose, épuré, l'esprit.

Les idées d'Édouard, dans le roman, seraient donc obscures, inconcevables. Il s'agit pourtant d'un leitmotiv gidien, qu'il répète dans son journal : « En art, comme partout, la pureté seule importe. » Pour le romancier, il n'y a d'art que du général, l'art doit viser à l'écartement de la vie, à « l'érosion des contours », comme l'a tenté Mérimée, mais surtout comme l'a réussi Racine : il doit être stylisation, c'est-à-dire conjointure du particulier et du général, épuration du concret selon une ligne idéale. Le particulier, seul gage de la vérité psychologique, et le général, objectif de l'art, doivent donc être réunis dans l'œuvre, ce qui, selon Édouard, et selon Gide, conduit à refuser la « réalité » des réalistes et des naturalistes. Cette entreprise, bien sûr, n'a rien de facile. Loin de refaire après d'autres ce qu'ils ont fait, il faut inventer un roman nouveau qui assume pleinement sa liberté constitutive (ne l'oublions pas, il est *lawless*) et ne se cramponne pas frileusement à l'imitation du « réel »... Écrire un roman qui tienne plus de *Mithridate* que du *Père Goriot* ? Revenir aux classiques, Corneille, Molière, Racine, pour, dans un autre genre que ceux qu'ils ont cultivés, être moderne et « pur » contre les maîtres du mélange ? Revendiquer en revanche de ne plus avoir de sujet, ou du moins plus *un seul* sujet ? Qu'y a-t-il là de si risible ? C'est l'une des versions possibles du propos des plus novateurs des romanciers du temps. Le fou rire qui gagne Laura et Sophroniska reproduit trop, dans un registre décalé, les réticences et les conseils orthodoxes de Roger Martin du Gard, par exemple, et, en perspective, les préjugés du public dominant, pour ne pas nous inciter, nous lecteurs modernes, qui avons lu et croyons savoir apprécier Proust, Joyce, Kafka, à une autre réaction que le dénigrement ou l'ironie. Édouard est peut-être ridicule, en cette occasion, ses idées ne le sont pas.

LA PURETÉ ET LE TOUFFU

En effet : si, à refuser le parti pris purement chronologique de la boucherie naturaliste (la tranche de vie coupée dans le seul sens de la longueur), à contester la vision uniformément frontale du promeneur réaliste (une lanterne projetant une lumière toujours égale promenée à vitesse et à éloignement constants le long de son chemin narratif), le romancier tente d'autres découpes, cherche d'autres perspectives ? S'il essaie à multiplier les angles de vue et à varier les éclairages, s'il se refuse à rien découper pour *tout* faire entrer, dans son roman, de son expérience et de sa fantaisie ? Telle est, au moins, l'ambition affichée d'Édouard :

« Depuis plus d'un an que j'y travaille, lance-t-il, il ne m'arrive rien que je n'y verse, et que je n'y veuille faire entrer : ce que je vois, ce que je sais, tout ce que m'apprend la vie des autres et la mienne... » (p. 184).

Échos de cette formule, dans le *Journal des Faux-Monnayeurs*, dont c'est un thème majeur :

« Aussi bien est-ce une folie sans doute de grouper dans un seul roman tout ce que me présente et m'enseigne la vie. Si touffu que je souhaite ce livre, je ne puis songer à tout y faire entrer. Et c'est pourtant ce désir qui m'embarrasse encore... » (17 juin 1919). « Tout ce que je vis, tout ce que j'apprends, tout ce qui m'advient depuis quelques mois, je voudrais le faire entrer dans ce roman, et m'en servir pour l'enrichissement de sa touffe » (21 novembre 1920).

Ces passages souvent cités paraissent opposer au désir de *pureté* le désir non moins lancinant du *touffu*, totalité inextricable du vécu devenu œuvre. Il s'agit toujours de « verser » : cette fois le réel vécu dans le roman. Comment « tout » dire, et de « tous » côtés : par quel biais, en usant de quelle procédure d'exposition, au moyen de quel personnage (Lafcadio, réchappé des *Caves du Vatican*, ou un autre ?), selon quelles lois de juxtaposition ou de conciliation, etc? Dans le discours d'Édouard, la difficulté devient prétention exorbitante ; la nécessité affirmée par le *Journal des Faux-Monnayeurs* d'un intense et douloureux travail de « brassage », de « bobinage », de « barratage », de décantation se mue en affirmation exaltée d'une impossibilité, relevée par l'ironique Sophroniska : « Et tout cela stylisé ? » (p. 184). À quoi Édouard réplique, en écho donc au *Journal des Faux-Monnayeurs* :

« Et ce n'est même pas cela que je veux faire. Ce que je veux, c'est présenter d'une part la réalité, présenter d'autre part cet effort pour la styliser, dont je vous parlais tout à l'heure » (pp. 185-186). Ce qui provoque chez Laura la réplique maternellement dépréciative : « Mon pauvre ami, vous ferez mourir d'ennui vos lecteurs » (p. 185).

L'ennui du lecteur, le rire de Laura, écueils identiques du romancier, nous indiquent l'enjeu de ce dialogue : Gide y dialogue avec son public, qu'il prévient et dont il désamorce, non sans provocation, des réactions attendues. Car ce dialogue dramatisé est bien l'autre version de l'exposé critique du *Journal des Faux-Monnayeurs*, son renversement en abyme dans le roman (réduit, déplacé, réinterprété), au moment même où Édouard, poussé dans ses retranchements, révèle la solution « technique » à laquelle il pense (celle qui paraissait si inutilement « intellectuelle » et « parasite » à Martin du Gard !) : inscrire en

William Blake : *L'Éternel*. Whiworth Art gallery, Manchester. Ph. © Archives Snark-Edimedia.
« Dieu s'est moqué de moi. Il s'amuse. »

abyme un romancier dans son roman. Cette disposition, déjà utilisée par lui dans des romans antérieurs, présente ici le triple avantage de maintenir la tension majeure de son entreprise entre la « pureté » et le « touffu », de la tenir pourtant à distance autant qu'il est possible, et surtout d'exposer la relation de ce romancier second face à la « réalité » (à ses propres difficultés) sous la *forme* d'un effort de création, d'une *lutte* : le principe dynamique est garanti — à quoi Sophroniska, la grande prêtresse de la psychanalyse, celle qui, selon Gide, cherche abusivement le « gros secret caché » du malheureux Boris, ne sait répondre qu'en termes statiques de *contenu* : un roman de l'intellectuel, quelle gageure !

« [Ces romans] assomment le public ; on ne parvient à leur faire dire que des âneries, et, à tout ce qui les touche, ils communiquent un air abstrait. »

Sophroniska, en un sens, a raison, et Gide le sait (il ne se le dit que trop à lui-même !), mais, en l'occurrence, le danger d'abstraction ne lui déplaît pas, car il compte précisément y approcher une vérité que le souci du concret ne rejoint jamais ; et puis, outre que l'ânerie, c'est peut-être l'intellectuelle Sophroniska qui ici la profère, le romancier, par cette petite scène qu'il tente d'animer « concrètement » (Édouard gesticule, se lève, allume sa pipe, les autres pouffent, etc), ne s'efforce-t-il pas de prévenir à sa façon le risque d'ennuyer ? Difficulté de la littérature « d'idées » !

LE ROMAN ET SON JOURNAL DE BORD

Il revient à Laura de décocher à Édouard la flèche du Parthe, Laura son obligée qu'il a aimée et abandonnée en son temps, qui l'aime encore et qui sait qu'elle l'a perdu sans retour — car ce dialogue joue aussi de ce côté, symétrique à celui de Bernard, alors même que Laura et Bernard se rapprochent l'un de l'autre, s'écartant autant de lui : « Dans ce romancier, vous ne pourrez faire autrement que de vous peindre. » Parbleu ! Si Gide s'en tire par une pirouette (désagréable, ce romancier n'en sera que plus reconnaissable) l'essentiel est dit : le romancier, si « abymé » soit-il, demeure ainsi le sujet majeur de son livre. D'où la nécessité absolue d'écarter Édouard, de le ridiculiser et de distinguer clairement entre l'auteur et l'œuvre. En ce sens la question est bien posée, à Gide comme à son roman, comme à son personnage : Quel sujet es-tu, doté de quelle structure ? Elle est modulée avec une aimable acidité par le chœur critique féminin : « Et le plan de ce livre est fait ? » Comment le plan du livre serait-il fait, si le romancier lui-même en est le vrai sujet, et que son principe est dynamiquement spéculaire ? Non, il n'y a pas de plan. J'attends, dit Édouard, que la réalité me le dicte. *Je — romancier — attend* : sa réalité, son rapport à la réalité, son souci de stylisation d'une totalité en question, c'est cela qui doit « venir de soi-même », à tous les sens du mot. Édouard a beau expliquer que cette attente est aussi un combat dédoublé : « Mon romancier voudra s'en écarter ; mais moi je l'y ramènerai sans cesse. À vrai dire, ce sera là le sujet : la lutte entre les faits proposés par la réalité, et la réalité idéale » (p. 186), il a beau tenter de faire entendre que le conflit est exposable, et soluble peut-être, du moins esthétiquement, par où précisément il apparaît inextricable, l'auditoire crie à la contradiction ! « Mais je croyais que vous vouliez vous écarter de la réalité ! » Un jeu sur les mots, inévitable sans doute (que signifie *réalité* ?), et Édouard, confondu, s'expose au ridicule du théoricien surpris en flagrant délit d'inconséquence. En d'autres lieux, Laura, plus attentive, sait voir en Édouard un être fondamentalement séparé et différent de lui-même, fait de cette contradiction même, et qu'elle aime précisément pour cela (par exemple deuxième partie, chapitre 4). En d'autres lieux encore (dont le *Journal des Faux-Monnayeurs*), Gide affirme que tel est aussi le secret de sa personnalité, que nul critique ne saurait manquer sauf à le manquer lui-même, la passion de la différence, sinon le démon de la contradiction. Le lecteur des *Faux-Monnayeurs* saura-t-il être plus perspicace que Laura Douviers ? Mais dans la scène du chapitre 3, rien n'y fait. Édouard est condamné sans appel par où il pèche : son travail ressemble trop à de l'oisiveté, son projet ressemble trop à une chimère, son propos est apparemment trop rêvé pour être accessible. Aussi bien il lui faut, pour devenir lisible, la forme même qui lui manque, celle du roman, plus capable de démêler les complexités du moi que les « confessions » mêmes, comme le notent aussi bien le *Journal des Faux-Monnayeurs* (novembre 1920) que *Si le grain ne meurt.*

De sorte que Gide, le romancier réel, ne manque pas de condamner en Édouard le romancier manqué qu'en lui il abrite. Ainsi, lorsqu'il expose sa méthode de travail, si originale (« sur un carnet, je note au jour le jour l'état de ce roman dans mon esprit ; oui, c'est une sorte de journal que je tiens, comme on ferait celui d'un enfant... »), Édouard décrit son propre journal, bien sûr, mais ne décrit-il pas bien davantage le *Journal des Faux-Monnayeurs* que tient Gide ? Ensuite, expliquant qu'au lieu de résoudre chaque difficulté au fur et à mesure qu'elle se propose, il l'expose simplement et se borne à la contempler, Édouard indique négativement qu'il n'écrit pas son roman, puisqu'il ne s'applique pas à inventer l'une après l'autre les menues solutions « techniques » nécessaires qui s'imposent. Enfin, indiquant que le carnet contient la critique de son roman « ou mieux : du roman en général », Édouard signale la prétention (théorique) qui l'anime et que Gide partage peut-être tout en se gardant avec soin de la revendiquer expressément pour sienne. Confirmation, négation, dénégation. Ce triple geste désigne, en creux, l'échec d'Édouard, en plein, le succès de Gide. Il ne reste au romancier fictif qu'à revendiquer son échec, en une manière de fuite en avant : « L'histoire du livre m'aura plus intéressé que le livre lui-même [...] elle aura pris sa place, et ce sera tant mieux », lance Édouard à ses interlocuteurs peu convaincus. Formule que partage sans doute Gide, mais en termes de réussite, ce qui nous renvoie à la remarque, déjà citée, du *Journal des Faux-Monnayeurs* qui prend là, en contrepoint, tout son sens :

« Somme toute, ce cahier où j'écris l'histoire même du livre, je le vois versé tout entier dans le livre, en formant l'intérêt principal, pour la majeure irritation du lecteur. »

Le futur lecteur (irrité, ou sarcastique, c'est tout un) de l'œuvre virtuelle (laquelle, par son sarcasme, est frappée de nullité), Bernard, Laura, Sophroniska, n'imagine pas sans l'écueil de l'abstraction et de l'ennui la solution même que Gide adopte. Mais, contre ce lecteur, le romancier l'adopte, il l'adopte très précisément contre lui, à cause de son sarcasme irrité, qui agit comme un révulsif, un exorcisme. Au lecteur réel des *Faux-Monnayeurs* de s'en accommoder. Que Gide ait en fin de compte pris ou non la décision de verser le contenu du *Journal des Faux-Monnayeurs* dans le roman, *ce reversement a eu lieu,* il le sait, on le voit, qui seul permet au roman de se constituer, d'exister. Le journal du roman informe et nourrit le roman : se détache de lui au moment où, d'une autre façon, il s'y intègre, par le biais du Journal d'Édouard et, emblématiquement, par ce chapitre même où le roman virtuel est évoqué et nié et où le roman réel se noue, au prix du désaveu d'Édouard. Le rejet du personnage-lieutenant, auteur du roman virtuel, est bien le prix à payer pour l'accomplissement de l'œuvre, au même titre que l'élaboration du journal d'escorte réel permet, par son entremise, la tenue du journal fictif intégré au roman. Sacrifice, assomption : les deux mouvements s'équilibrent et se complètent. Exemple unique, dans la littérature, d'une œuvre dont la vertu d'accompagnement et de témoignage est essentielle à la réalisation de l'œuvre de référence, capable alors, sans elle, d'accéder de manière autonome à l'existence littéraire.

André Gide et Marc Allégret vers 1918. Ph. coll. André et Danièle Rosch/Archives Marc Allégret.

II MYTHOLOGIE DU ROMAN : LA PART DU DIABLE

UN ROMAN-CARREFOUR

Albert Thibaudet, dans le compte rendu qu'il donne à la *NRF* le 1er septembre 1927, déplore que le *Journal des Faux-Monnayeurs* laisse le lecteur sur sa faim : « Il ressemble à ces commentaires où le scoliaste s'étend longuement sur des points secondaires, et glisse pudiquement sur ceux où on l'attendait et où l'on attendait. Gide ne nous apprend même rien sur la genèse de son idée de roman. Comment les deux faits divers autour desquels il a cristallisé [...] sont-ils devenus pour lui sujets de roman ? Depuis quand avait-il l'idée d'un roman de l'adolescence et des adolescents ? Quels sont les rapports entre l'expérience de ce roman et l'expérience de *Si le grain ne meurt* ?... »

Pour autant qu'une genèse soit de l'ordre du dicible, A. Thibaudet a raison. Aussi n'est-ce pas le propos du *Journal des Faux-Monnayeurs* de rassasier son lecteur, mais de l'inquiéter et de l'affamer. Autant pourrait-on en dire des *Faux-Monnayeurs*. Mais là où le *Journal des Faux-Monnayeurs* frustre et déçoit parce qu'il ne précise pas ce qu'il fait miroiter, le roman, inversement, dit sans doute plus qu'il ne laisse entendre, mais à l'usage de l'auteur seul, en manière d'écho intime ou de *private joke*. Le relatif silence sur l'essentiel du travail de l'œuvre se double d'une discrétion plus paradoxale. En effet, la part d'autobiographie secrète ou dissimulée des *Faux-Monnayeurs* est à la fois considérable (la lecture du *Journal* ou des Mémoires en atteste) et difficile à cerner, tout comme l'importance de l'intertexte, les relations du roman avec les autres œuvres lues ou composées au même moment par André Gide, avec sa vie, ses idées et ses goûts, son itinéraire personnel, ses réactions au monde qui l'entoure, à ses contemporains, à ses amis et à ses ennemis, aux événements qu'il a vécus : tout cela constitue évidemment la matière des *Faux-Monnayeurs*, l'auteur n'en fait pas mystère, mais de façon particulièrement ambiguë et subtile, et on peut estimer avec G. Idt que « chaque fragment du texte, sous son apparence arbitraire, [fait] discrètement allusion à un souvenir, [est] écrit en vue d'une complicité [de l'auteur] avec soi-même [1] ». Souvent le roman cache dans le même mouvement où il découvre, il se borne à suggérer, escamotant ce qu'il prétend montrer. Travail d'illusionniste, ou au contraire, comme il le répète dans *Si le grain ne meurt*, effort vers une vérité « toujours plus compliqué[e] qu'on ne dit », et que le roman « approcherait » pourtant davantage que toute autre forme litté-

1. *Les Faux-Monnayeurs d'André Gide*, Profil d'une œuvre, Hatier.

raire ? Pour qui désire malgré tout s'aventurer dans cet espace labyrinthique, il rencontre ce qu'Éric Marty appelle justement la *mythologie* gidienne : non la donnée biographique (nécessaire bien qu'aléatoire, tronquée et truquée, inadéquate), mais le mythe de la vie-Gide, en partie suscité et entretenu par Gide lui-même (un Narcisse monnayé en Protée qui se rêve Thésée), ombre portée, pour nous, de l'œuvre-Gide, et, pour l'écrivain, totalité complexe bien qu'en partie inaccessible à lui-même d'une expérience et d'une personnalité que le roman, la cinquantaine venue, est chargé d'explorer.

C'est en ce sens que Gide voulait faire des *Faux-Monnayeurs* un « carrefour », un « rendez-vous de problèmes ». Dans cet esprit, il note : « Il me faut, pour écrire bien ce livre, me persuader que c'est le seul roman et le dernier livre que j'écrirai. » (*Journal des Faux-Monnayeurs*, 2-2-1921). L'on trouve ici, avec une tonalité quelque peu testamentaire que l'avenir n'a pas démentie, l'une des racines *subjectives* au souci de *tout* noter, de même que l'exigence de stylisation, de « pureté » du trait, correspond, subjectivement aussi, à la nécessité de s'en tenir à ce « degré de confidence que l'on ne peut dépasser sans artifice ». Mais alors le « simultané » devient successif, et le « dialogue » intérieur à l'écrivain en un sens se trahit *(Si le grain ne meurt)*. Près de sept ans plus tôt, le 12-7-1914, Gide remarquait dans son *Journal* que chacune de ses œuvres reflète une partie de sa personnalité, l'une appelant l'autre et s'y opposant, et il émettait déjà le même vœu — utopique, ou mieux, uchronique — d'une écriture rassemblant en un seul mouvement tous les registres :

« Tous ces sujets se sont développés parallèlement, concurremment — et si j'ai écrit tel livre avant tel autre, c'est que le sujet m'en apparaissait plus " at hand ", comme dit l'Anglais. Si j'avais pu, c'est ensemble que je les aurais écrits. »

Avec *Les Faux-Monnayeurs*, c'est cette tentative qu'il engage. Tout en restant « classique », Gide souhaite ne pas s'en tenir au ton et au déroulement linéaires de *L'Immoraliste*, de *La Porte étroite* et de *La Symphonie pastorale*, il ne veut s'enfermer ni dans l'ironie en abyme du *Voyage d'Urien* ou de *Paludes*, ni dans la ferveur lyrique des *Nourritures terrestres*, ni dans l'espièglerie parodique du *Prométhée mal enchaîné* et des *Caves du Vatican*, mais, en entrecroisant les lignes et les thèmes, faire plus qu'un « livre critique ». Après des *récits* et des *soties*, il entreprend de composer un *roman*, sorte de *point nodal* de la vie et de l'écriture.

GIDE EN SON ROMAN

On conçoit donc qu'une partie du propos reste enfouie, quand elle n'est pas délibérément tue ; qu'une autre, si elle affleure, incertaine, hésite entre l'allusion et la transposition ; que la dernière enfin, qui se dit, s'expose, ne soit pas toujours la plus facile à définir. Car ce que Gide montre dans le roman n'est pas de l'ordre de l'événement intime, mais de son retentissement.

Qu'il s'agisse de la difficulté, depuis toujours éprouvée et signalée par Gide, dès *Les Cahiers d'André Walter* (1889), à accorder foi au réel et à le distinguer clairement de l'imaginaire ; qu'il s'agisse de son recours à la littérature — au journal — pour donner corps à la fois au réel et à la littérature, selon la formule d'Édouard : « Rien de ce qui m'advient ne prend pour moi d'existence réelle, tant que je ne l'y vois pas reflété » : on a vu en quoi *Les Faux-Monnayeurs*, roman nouveau, est un effort décisif pour y répondre, pour reconnaître cette difficulté et si possible la dépasser. Qu'il s'agisse, plus précisément, de la révolte contre l'ordre familial, contre l'hypocrisie de la bonne conscience puritaine, contre la rigidité et l'étroitesse de la morale protestante ; qu'il s'agisse de l'appel à la libération individuelle, à l'affranchissement de toute contrainte indue et de tout enfermement dans des systèmes de causalité rationnelle ou de culpabilité diffuse, au risque du scandale de l'immoralisme et de l'acte gratuit criminel ; qu'il s'agisse de la satire de mouvements, d'écoles et de revues littéraires, sans parler de celle des littérateurs eux-mêmes, lorsqu'ils se font les faux-monnayeurs de la pensée et de la sensibilité ; qu'il s'agisse enfin de l'examen critique de positions philosophiques et politiques extrêmes, de la droite nationaliste et catholique à l'anarchisme militant, en passant par divers conformismes de Gide bien connus : tous ces thèmes ne sont pas nouveaux pour les lecteurs de ses œuvres antérieures. Il y a là surtout continuité, malgré des modifications sans doute, et parfois importantes. Mais des prises de position ou des proclamations précises, datables, non. Ce que Gide énonce le plus clairement, c'est ce qu'il avait jusque-là déjà exposé haut et clair. Jusqu'où prend-il pourtant à son compte ces refus et ces ruptures ? C'est ce que *Les Faux-Monnayeurs*, bien moins que les œuvres précédentes, se gardent de marquer.

Les rencontres et les connaissances faites, les lectures engagées, les conférences prononcées, les œuvres écrites ou publiées font davantage figure de *moments*, de *jalons* : révélations ou confirmations, mais cette fois plus largement autonomes par rapport au roman. C'est ainsi qu'en 1911 Gide traduit Rilke, en 1914 Whitman, en 1918 *Typhon* de Conrad ; qu'en 1920 on monte à l'opéra sa traduction d'*Antoine et Cléopâtre*, de Shakespeare ; qu'il découvre W. Blake en 1922, et publie en 1923 la traduction du *Mariage du Ciel et de l'Enfer*; que dès 1921 il travaille de nouveau sur Dostoïevski, prononce à son sujet des conférences en février-mars 1922, et les publie en 1923 *(Dostoïevsky)*; qu'il traduit le premier acte de *Hamlet* en 1922 et, la même année, *Amal et la lettre du roi* de R. Tagore; qu'il fait la connaissance de R. Martin du Gard en 1913, rencontre Proust à plusieurs reprises en 1921; qu'il s'est intéressé de près à Dada après la guerre et considère les manifestes de ce mouvement avec bienveillance (il donne en 1921 des pages des *Nouvelles Nourritures* à la revue *Littérature*), alors qu'en 1914 il était proche de l'Action française; qu'il relit Browning, Nietzsche au début des années vingt, qu'il lit et médite Freud en 1922; qu'il travaille au piano *l'Art de la fugue* de J.-S. Bach à la fin de 1921, qu'il est lié avec D. Milhaud et le Groupe des Six; qu'il subit à cette époque les attaques de l'extrême droite intellectuelle (Béraud, Massis), que Maritain et Claudel l'adjurent, mais en vain, de renoncer à se compromettre par ses publications; que depuis 1909 il est la figure centrale de la *NRF*, revue qui occupe très vite une place dominante dans les lettres françaises (avec lui Ghéon, Drouin, Ruyters, puis Schlumberger et Copeau, puis Rivière, Paulhan, Gaston Gallimard); qu'il est attaqué derechef en 1924 par Béraud, Massis, H. de Régnier, R. de Gourmont; qu'il publie *Corydon*, en 1911, à douze exemplaires; qu'il termine *Les Caves du Vatican* en 1913 et les publie en 1914 ; qu'il écrit *La Symphonie pastorale,* publiée en 1919 ; qu'il fait paraître en 1920 une édition remaniée mais confidentielle (vingt et un exemplaires) de *Corydon* ; qu'il écrit toutes ces années *Si le grain ne meurt,* publié en 1920 à treize exemplaires ; qu'il donne *Corydon* en édition courante, en mai 1924, et de même en 1926 *Si le grain ne meurt.* Entre-temps, *Morceaux choisis* (1921), *Incidences* (1924), et puis en 1926 *Les Faux-Monnayeurs,* le *Journal des Faux-Monnayeurs*... (Voir la Biographie et le Dossier.)

De certaines de ces données on peut percevoir dans le roman un reflet. Mais le plus souvent le roman renvoie à des souvenirs plus anciens. Valéry, au détour d'une phrase, est désigné par le prénom de leur amitié, Paul-Ambroise. Cocteau n'est jamais nommé, mais bien le comte de Passavant, le rival arriviste, superficiel, inquiétant et dangereux d'Édouard. De La Nux se transforme en La Pérouse, nom qu'il porte déjà dans le *Journal.* Bavretel devient Vedel, en souvenir d'un professeur de l'École alsacienne, alors que Vedel, dans le roman, emprunte aussi à Élie Allégret. Sara devient Sarah, mais Armand reste Armand... etc. (Voir le Dossier.)

Avec la référence à *Si le grain ne meurt,* on touche au moment difficile, essentiel, volontairement estompé d'abord, puis public, de l'*aveu* (la vocation littéraire d'un jeune bourgeois protestant ; la libération morale, à partir de 1893, rupture partielle avec son passé et révélation de soi, de son corps et de ses désirs sous les espèces de l'homosexualité). Mais reste enfouie la référence à *Corydon*, œuvre majeure pour Gide, où il se livre à une défense et justification de la pédérastie, et pour laquelle il imagine une préface de Freud. Certaines conversations d'Édouard avec Pauline Molinier, sa demi-sœur, s'en font pourtant discrètement l'écho (au chapitre 10 de la troisième partie). Déplacée, recomposée, l'attribution au jeune Boris d'habitudes onanistes et de crises nerveuses, redevables selon *Si le grain ne meurt* et selon le *Journal* au jeune Gide lui-même. Monnayée et transposée de même, de sa mère Juliette à sa tante Mathilde en passant par Anna Shackleton, et bien d'autres, la suite des figures féminines du roman, hardies, volages, ou sages, ou résignées, comme la série de figures d'hommes ou d'enfants, d'adolescents, comme les modèles de familles ou de couples, les exemples de cercles littéraires et de revues, dont émerge, à côté des acteurs fictifs, un personnage historique, colorié, clownesque, Jarry — joli dessin précis et sommaire s'enlevant sur le fou d'une galerie fictive.

Parmi les figures de femmes, l'une, dans le *Journal* comme dans *Si le grain ne meurt*, porte déjà un nom déplacé — Emmanuelle. Or nulle mention explicite d'elle dans le roman, sinon, très transposé, le rapport d'Édouard à Laura et à Pauline, certainement pas la recomposition au bénéfice d'une Marceline *(L'Immoraliste)* ou d'une Alissa *(La Porte étroite).* Le *Journal des Faux-Monnayeurs* est, à sa façon oblique, plus précis lorsqu'il évoque l'amour « éperdu », désespéré, qu' « il » éprouve pour celle qui ne veut plus croire à son amour, à cause de ses précédentes « infidélités », et lorsqu'il avoue sa jalousie de Dieu, qui lui vole sa femme... (2-1-1921) Ne semble-t-il pas que Gide et La Pérouse échangent là secrètement leurs rôles ? C'est que l'on entre dans un espace plus secret encore où se fonde l'écriture des *Faux-Monnayeurs*. En effet, après son mariage blanc, en 1895, avec sa cousine Madeleine Rondeaux, longtemps réticente, à qui il voue depuis l'enfance un amour d'autant plus intense qu'il le dissocie du désir ; après leurs voyages en Afrique du Nord, où il ne fait pas mystère de ses goûts homosexuels, qu'il distingue alors sans équivoque de l'amour, André Gide se lie avec Marc Allégret en 1916 et part avec lui, d'abord en Suisse en 1917, puis en Angleterre, pour plusieurs mois, en 1918. Madeleine, devant ce nouveau tour pris par la vie sentimentale de son mari, relit et brûle toutes les lettres qu'il lui a adressées depuis des années. À son retour, désespoir et longue prostration d'André Gide, qui a le sentiment d'un double meurtre

Tapisserie avec poissons. Antiquités chrétiennes, IIe-IIIe siècle. Musée du Louvre, Paris.
Ph. © Bulloz.
« La plus étonnante découverte de ces temps derniers — du moins celle qui m'a le plus instruit — c'est celle des appareils photogéniques des animaux des bas-fonds. »

(comme si Madeleine avait tué leur enfant, dit-il, et parce qu'elle a détruit une part pour lui essentielle de son œuvre). Désormais, le couple vit dans le silence, parallèlement. Décristallisation... Et pourtant l'amour pour Madeleine dure encore, mais il se transforme, comme elle se transforme. Du point de vue littéraire, si toutes ses œuvres précédentes avaient été écrites *pour elle* et *selon elle,* en connivence, pour lui plaire et la séduire, *Les Faux-Monnayeurs* apparaissent comme le premier texte écrit en dehors de l'influence de Madeleine, et surtout selon une *destination* autre et une autre *adresse* : roman de l'adolescence, *Les Faux-Monnayeurs* sont très probablement écrits à l'adresse de Marc, adolescent aimé de Gide. Une parole et une expérience plus complètes, plus complexes (mais non plus profondes, sans doute) s'y font entendre, pour une écoute autre. (Voir le Dossier.)

Un autre événement de grande portée intervient en ces années de gestation et d'écriture de l'œuvre. Élisabeth van Rysselberghe, fille de Maria van Rysselberghe, amie de longue date (« la petite Dame »), donne le jour, le 18 avril 1923, à une fille, Catherine, dont André Gide est le père. De cette liaison cachée à Madeleine, on ne sait guère, mais elle est à l'évidence largement centrée sur le désir d'enfant. Témoin l'extraordinaire billet de novembre 1916 qu'un Gide « trop ému pour parler » glisse à Élisabeth :

« Je n'aimerai jamais d'amour qu'une seule femme et je ne puis avoir de vrais désirs que pour les jeunes garçons. Mais je me résigne mal à te voir sans enfant et à n'en pas avoir moi-même. »

L'auteur de la célèbre apostrophe « Familles, je vous hais » ne peut oublier, lorsqu'il écrit *Les Faux-Monnayeurs* et qu'il vante la liberté et la supériorité des enfants adultérins, mais aussi lorsqu'il reconduit Bernard chez son « faux père » le juge Profitendieu, à la fin du roman, et lui fait réintégrer l'ordre familial (amputé de la mère!), que la petite Catherine est née en avril 1923. Quelque chose là a bougé.

LE DIABLE, ASSURÉMENT

Il faut enfin faire état d'une crise majeure que Gide a traversée en « l'an de disgrâce » 1916, et qui traverse elle-même sa vie et son œuvre entières. La part dédoublée de son *Journal* consacrée à ces mois d'exaltation mystique sous le titre *Numquid et tu?*... en porte témoignage. Cette crise, qui intervient en plein conflit mondial, après que Gide s'est dévoué aux réfugiés du Foyer franco-belge, est sans doute la plus vive et la plus intense des variations du sentiment religieux qu'a connues l'auteur des *Nourritures terrestres*. Le jeune homme tendu de 1890, qui prend des bains glacés et ne quitte jamais sa Bible, a connu entre-temps dans les sables du désert la révélation du corps et la vérité de ses désirs, mais pour autant sa dilection particulière pour le Christ et les Évangiles ne s'est pas démentie (elle ne s'est pas démentie davantage lorsqu'il est devenu le compagnon de route de la Russie soviétique des années trente puis l'humaniste des derniers jours). En ces années de guerre, une vague de conversions au catholicisme frappe ses amis, dont Ghéon, compagnon de plaisirs en Afrique du Nord et collaborateur à la *NRF*. Une lettre de Ghéon annonçant sa conversion provoque chez Gide le rappel d'un rêve prémonitoire et le plonge dans la crise. Songe-t-il à se convertir? Du moins il relit et médite l'Évangile de Jean, consigne dans le Cahier Vert (qui deviendra *Numquid...*) ses vœux de renoncement à l'orgueil du moi et d'abandon à la volonté de Dieu. Le combat inégal contre les tentations sensuelles le plonge dans un état de douleur et d'épuisement proche, selon ses propres termes, de la folie. Soumis à la répétition compulsive de sa « manie », il aspire à retrouver en Dieu silence et repos.

Or, comme le montre admirablement É. Marty[1], si Dieu ne répond guère aux prières de Gide, une autre voix, autrement familière et insistante, lui chuchote que cette contention pourrait n'être qu'une comédie qu'il se joue à lui-même — s'il est vrai que l'effort pour accéder à

1. *L'Écriture du jour*, Seuil.

Dieu ne peut se dissocier de l'accès à l'Autre, celui que, dès 1910, il a reconnu et dont il sait qu'il n'est pas une ombre, un négatif, mais une puissance active, entreprenante, indépendante de nous : non le Mal mais le Malin. La dialectique de Gide doit être ici saisie dans son étrangeté. La figure du Diable, si proche de lui qu'elle parle son propre langage, avec une extrême force mimétique et perverse, réunit le désir et la folie, jusqu'à l'hallucination ; mais par ailleurs Gide sait, et dit, que ce Diable est allégorique et ne fait que traduire une « mythologie » à laquelle il n'importe pas absolument qu'il croie. Cette double affirmation conduit directement à « L'identification du démon » (appendice au *Journal des Faux-Monnayeurs*) et à la formule des *Faux-Monnayeurs* : la plus grande ruse du Diable est de faire croire qu'il n'existe pas.

Ce dont, au cours de la terrible année 1916, se persuade donc Gide, c'est qu'il lui est impossible de croire à l'Un (l'unité) sans croire à l'Autre (l'altérité), qu'il lui faut accepter son intime complication ontologique, la conjonction en lui de forces antagonistes, nullement synthétisables. Il se persuade que sa voie et son ascèse propres le portent à assumer son être, à accepter qu'en lui désormais la perte cohabite avec le salut. La théologie personnelle de Gide l'avait déjà incliné à penser que l'éternité est tout entière dans le présent, que « l'Enfer

— aussi bien que le Paradis — est en nous ». À la fin de 1916, alors qu'il referme *Numquid...*, sa tentative héroïque de coïncidence avec l'Un prend fin, au profit d'un acquiescement à la présence en lui du Diable et du désir, mouvement de « loyauté » auquel le converti H. Ghéon échapperait, dupé qu'il serait par son désir éperdu de clôture et de récapitulation. Pour Gide, il s'agit de renoncer à l'orgueil de la vertu (déjà énoncé dans *La Symphonie pastorale*), de désavouer les faux-semblants d'un moi défini et substantifié, pour mieux être soi-même : pour faire suffisamment, comme il le dit à Ghéon, « la part du Diable ». Principe d'ouverture et d'inquiétude opposé à toute conclusion comme à toute conversion définitives, le Diable signifie à Gide que le moi doit être inventé au risque de l'aventure. (Voir le Dossier.)

Même si le Diable des œuvres est bien plus distancié et maîtrisé que celui, lié à la souffrance et à l'angoisse, qui paraît dans le *Journal*, Gide s'engage, au cours des années d'élaboration des *Faux-Monnayeurs*, en faveur de sa présence, et même de sa complicité. Ainsi, dans ses conférences sur Dostoïevski, « il n'y a pas d'œuvre d'art, affirme-t-il du créateur d'Yvan Karamazov mais aussi de lui-même, sans la collaboration du démon ». À la suite de sa rencontre avec Jacques Raverat, Gide ne notait-il pas déjà en 1914 : « Certainement dans mon roman, il y aura quelqu'un qui croit au diable »" ? Mais il sait mieux encore en 1922 que « c'est avec les beaux sentiments que l'on fait la mauvaise littérature », qu' « il n'y a pas d'artiste parmi les saints », de même qu' « il n'y a pas de saint parmi les artistes ». Cette réflexion sur la création artistique le conduit, passée la crise religieuse de l'année 1916, à revendiquer en lui cette dimension de perversité, de « péché », mais aussi d'authenticité et de progrès qu'il nomme le Diable, « hypothèse gratuite » bien sûr, mais également source de grandeur : comme Goethe, il accorde une part capitale au « dämonisch », « démoniaque », (il faudrait dire plutôt « démonique », en un sens moins chrétien et plus proche du « démon » de Socrate).

Les Faux-Monnayeurs, à l'évidence, ont été composés en fonction de cette « part ». Fort loin de ressembler à un ange déchu ou à on ne sait quelle créature sulfureuse, le Diable, selon Gide, est le « Raisonneur », l'intellectuel pervertisseur (celui qui perd Vincent), l' « ergot »[1] du *cogito*, inscrit au centre de la conscience réflexive, principe fécond et redoutable d'articulation et de négation. Esthétiquement, il s'abrite au cœur de la mise en abyme romanesque, puisqu'il participe de l'écriture spéculaire du journal intime comme de l'écriture fictive du roman. Du point de vue éthique, il est multiplement présent dans le texte, insaisissable, ainsi que le

1. Gide, ironiquement, transforme l'« ergo » cartésien en éperon critique !

note É. Marty[1], une sorte de « furet » qui, passant de personnage en personnage, non seulement « damne le pion à l'inconscient », tel du moins que le donne à entendre la psychanalyste Sophroniska (vouée à la recherche exclusive d'indices arrêtés, positifs), mais qui organise également les escroqueries, les orgies et les cabales : âme de la bande des faux-monnayeurs, c'est lui qui souffle les termes du complot qui perd Boris et suspend le cours du roman — mais son action, comme le livre, porte la mention « pourra être continué »... Le Diable témoigne ainsi de l'insondable qui gît au sein de l'humain, il est le principe actif des actes libres, des événements purs, de la *gratuité* déjà à l'œuvre dans *Le Prométhée mal enchaîné* et dans *Les Caves du Vatican*. *Les Faux-Monnayeurs* orchestrent cette gratuité du mal de manière plus cachée, plus efficace encore ; évidemment constitutive des personnages maléfiques, Passavant, Lilian Griffith, Strouvilhou, elle n'épargne cependant pas tels autres mieux intentionnés, Sophroniska, La Pérouse, le pasteur Vedel, Édouard lui-même, agents involontaires, peut-être, du mal et de la corruption.

Mais où s'arrête et où commence le Mal ? De quel ordre participe-t-il ? Le vieux La Pérouse, après la mort de Boris, n'entend plus le petit bruit insupportable qui l'obsédait dans son repos, et jouit enfin du silence. Mais il sait que

[1] *André Gide. Qui êtes-vous ?* La Manufacture, 1987.

tout *fait bruit*, que notre sang même émet un bruissement continu auquel nous sommes habitués depuis notre enfance ; il n'ignore pas davantage que le silence, comme l'accord parfait, relève du divin, et qu'en nous, pour nous, c'est le Diable qui parle. « Nous n'avons pas, explique La Pérouse, d'oreilles pour écouter la voix de Dieu. » Cette Parole fondamentale et inaudible, désignée au commencement de l'Évangile de Jean, est couverte par la voix du Diable : de la création même. Pourrons-nous, dans l'éternité, entendre le Verbe divin, dépouillé de ce bruit du péché ? C'est là, à peine transposée, et confortée par la lecture de William Blake, l'expérience d'André Gide en 1916 : le silence ardemment désiré au cœur de son égarement, ce silence de Dieu qu'il déplore est parasité par l'organe du Malin, par son incessant bavardage, indissociable pourtant du mutisme divin. Écrire *Les Faux-Monnayeurs*, c'est pour Gide s'associer à cette voix, la faire sienne, l'intégrer à son jeu, toute cruauté acceptée — seul moyen sans doute pour l'écrivain à la fois de faire entendre et fructifier en lui « la part du Diable », et de mimer celle de Dieu, de la jouer virtuellement en contrepoint. Le roman, ou l'annonce qu'il faut passer par le Diable, par le monde et sa rhapsodie, pour entendre en nous quelque chose du Dieu à venir, de notre déjà actuelle vérité.

III ÉTHIQUE DU ROMAN : VRAIES ET FAUSSES MONNAIES

Fiction sans sujet — ou sans objet — ordonnée selon le miroitement d'une écriture spéculaire, rejouant le conflit du réel et de sa représentation : telle pourrait donc être la trame des *Faux-Monnayeurs*, roman en abyme, roman du roman. Mais aussi effort pour ne rien omettre d'une expérience multiforme, et pour ne rien ajouter au trait simple d'une épure : ainsi pourrait-on caractériser l'invention paradoxale par Gide du *récit cubiste* inscrit sur cette trame, ou mieux de ce *mobile* qu'elle devient, artefact saisissable dans la multiplicité infiniment décomposable et recomposable de son jeu. C'est ce que pourrait figurer au mieux, en dépit de son statisme apparent, l'extériorité pure d'un glossaire, recensement délibérément fortuit et infiniment producteur : une sorte de *mobile en abyme*.

ADOLESCENCE

Ce sont les autres qui utilisent le terme. Ainsi Thibaudet : « ce roman de l'adolescence... » Gide dit plutôt : enfance. Mais l'imprécision, l'indécision de l'âge de ses personnages intermédiaires — entre Gontran et Vincent — est paradoxalement leur trait le plus marquant. Seul Proust, peut-être, est plus ambigu encore. L'adolescence, mot absent, apparaît comme une figure du *mixte*, tirée vers l'enfance, car c'est ici le point de vue, le goût du (des) narrateur(s) qui l'emportent.

ÂGES DE LA VIE

On peut voir dans la chambre d'Armand un tableau représentant le *topos* classique des « âges de la vie ». C'est, assurément, un des motifs majeurs du roman. Peu de livres, comme *Les Faux-Monnayeurs*, proposent un éventail aussi large et aussi détaillé des âges de la vie, depuis Boris, le plus jeune, jusqu'à La Pérouse, le plus vieux, significativement réunis par la parenté et par le malheur. Comme si Gide avait voulu, dans ce seul roman, décliner tous les « cas », les analyser et les opposer : coupe non en longueur, chronologique, selon les lois de l'avant et de l'après, mais latérale, selon les hasards et les nécessités topiques du contemporain. Primat de l'instantané sur le successif, du spatial sur le temporel, du métonymique sur le métaphorique. Déroulement figé. Répétition.

AILLEURS

Dans la série des « lieux » des *Faux-Monnayeurs*, il y a relativité des ailleurs. Relativement à Paris, lieu central, l'Angleterre, la Pologne, la Corse, la

Suisse sont des lieux proches, des contrepoints intégrés à l'action, l'Amérique un contrepoint vide, éloigné. En revanche, l'Afrique vaut comme espace de perdition (pour Lady Griffith, noyée, Vincent, atteint de démence, pour Alexandre Vedel, définitivement exilé).

En fait, il y a un ailleurs bien plus excentré que l'Afrique noire — bientôt visitée par Gide — ce sont les « pauvres quartiers » dans lesquels erre Bernard accompagné de l'ange. « Ils errèrent longtemps entre de hautes maisons sordides qu'habitaient la maladie, la prostitution, la honte, le crime et la faim. » L'ange pleure : image de crise, vite surmontée (p. 335). G. Idt a bien vu que cet unique et bref passage aux Enfers, en regard du monde bourgeois où se meuvent les personnages, fait figure d'ailleurs absolu.

ANARCHIE

Les faux-monnayeurs de 1906 étaient des anarchistes. Dans le roman, les « coupables aînés » qui manipulent des enfants se réclament de l'anarchisme. Strouvilhou, leur chef, invité par Passavant à diriger une revue d'avant-garde, s'inspire pour sa profession de foi d'une vulgate nietzschéenne, revue ou non par Galton[1], annonçant ou non Dada[2]. Il dénonce dans le christianisme une religion des faibles et des vaincus, il prône la sélection des plus robustes et l'amélioration de la race, il affirme haïr l'humanité,

---

1. Galton, fondateur de l'« eugénisme scientifique », à la fin du XIXe siècle en Angleterre.
2. Dada, dont l'animateur principal fut T. Tzara, fut fondé à la fin de la Première Guerre mondiale, et préluda au mouvement surréaliste.

lui-même compris, et souhaite la pervertir ou la détruire ; de même pour la littérature, en proie à l'inflation de conventions et de lyrisme : il s'engage pour sa revue *(Les Nettoyeurs)* à supprimer rapidement tout sujet, toute logique, tout sens, à « démonétiser tous les beaux sentiments, et ces billets à ordre, les mots ». Étrange figure qui fait penser au Protos des *Caves*, Strouvilhou passe partout, orchestre en sous-main, discourt et complote, disparaît. Il semble que le diable...

ARGENT

Gide possédait une grande fortune personnelle. Édouard aussi, semble-t-il. En revanche, la famille Vedel-Azaïs, ainsi que La Pérouse, connaissent la gêne. Passavant vit sur un grand pied, mais il lui faut plus d'argent encore. Le juge Molinier a du mal à tenir son rang avec ses seuls émoluments, à la différence de son confrère Profitendieu, enrichi par un héritage. Vincent, disposant de cinq mille francs péniblement amassés par sa mère, perd cette somme au jeu, la regagne ensuite et la multiplie par dix, mais abandonne Laura qui doit être secourue par Édouard. Bernard « emprunte » des billets à Édouard, Georges dérobe 100 F dans l'escarcelle familiale...

Gide, dans *Les Faux-Monnayeurs*, ne passe donc nullement sous silence les questions financières. Serait-ce que ses

Gide, Schlumberger, Jacques Rivière, Roger Martin du Gard à Pontigny. Ph. © Fernande Jausseron-Viollet.

personnages sont moins désincarnés qu'il ne le dit dans le *Journal des Faux-Monnayeurs*? En fait, l'argent participe éminemment d'un système plus large de services, d'échanges et d'influences : d'un réseau et d'une combinatoire. C'est en cela que, bonne ou mauvaise, vraie ou fausse, la monnaie peut être élevée au rang d'emblème du roman tout entier.

ART DE LA FUGUE

« Ce que je voudrais faire, note Édouard, c'est quelque chose qui serait comme *L'Art de la fugue*[1] » (p. 187). On sait qu'une fugue est une composition musicale où se succèdent, se fuyant et se poursuivant, un thème et ses imitations successives. Dans *Les Faux-Monnayeurs*, les thèmes en effet se répètent, personnages et événements se répondent en contrepoint, disparaissent pour reparaître, modifiés, se divisent et se relaient. Guy Michaud[2], fort de cette analogie, applique à la lettre l'affirmation d'Édouard : il voit dans le roman de Gide les trois parties d'une fugue, exposition, développement, stretto et assimile chaque intrigue, liée à un personnage et à un thème, à un élément de la fugue.

Le chef-d'œuvre didactique de Bach, monument de sérénité ou abîme de tourment, a-t-il à ce point inspiré Gide, pianiste de toujours et romancier novateur? On peut au moins identifier la tension entre « ce qu'offre la réalité » au romancier et « ce que le romancier prétend en

---

1. *L'Art de la fugue* fut composé par J.-S. Bach à la fin de sa vie (1749-1750).

2. *L'Œuvre et ses techniques*, Nizet.

faire » avec la « lutte entre l'esprit et le chiffre », qui est le propre, selon Gide, de la fugue.

ASSOCIATIONS

D'un côté les individus. De l'autre les groupes – bandes, cénacles, cercles, partis. D'un côté Bernard, tenté d'adhérer à une ligue nationaliste, et rebuté par « quelque secret instinct » de liberté, car, comme le lui dit Édouard, sa règle, il ne peut la tenir que de lui-même. De l'autre côté les groupes, dont l'exemple le plus achevé est celui des faux-monnayeurs et de leurs comparses : ils ne se tiennent pas tant entre eux qu'ils sont tenus par un système de gages échafaudés par les chefs de la bande. Seuls les familles et les couples semblent des unités organiques : mais on s'y déchire.

BACCALAURÉAT

Dans *Les Faux-Monnayeurs*, les jeunes gens passent le baccalauréat à la Sorbonne. Élites d'avant-guerre, secrétaires en titre d'un littérateur de renom, qui dans le même souffle commentent au restaurant le sujet de français de leur « bachot » et le projet d'une revue d'avant-garde. C'était le bon temps de la monnaie-or !

BÂTARDISE

« We are all bastards », lance Posthumus, dans *Cymbeline*, de Shakespeare. À juste titre : les pères des *Faux-Monnayeurs* sont largement déficitaires, morts, ou pire, incertains. « Cet homme si vénérable que j'appelais mon père était je ne sais où lorsqu'on m'estampilla... » (en exergue du chapitre 3 de la première partie). Comme l'a noté A. Goulet, la suite non relevée par Gide se lit ainsi : « C'est, avec ses outils, un faux-monnayeur qui frappa mon empreinte... » Bernard le bâtard, frère de Lafcadio, frère de Hamlet, constate combien le point de vue diffère selon que l'on est le fruit du crime ou de la légitimité. Tant qu'on ignore que la pièce est fausse, pourtant, rien ne se passe. Mais dès qu'on l'apprend...À la fin du livre, son éducation s'achève, il rejoint son père, sa mère s'éloigne : sa vie commence.

Ainsi le bâtard, dans le monde ouvert gidien, est plus fort, plus libre, plus aimable, pourvu qu'il saisisse sa chance. Il comprend même que « les enfants adoptés sont souvent préférés aux autres » (p. 197, citation tirée de *Mort ou vivant* de R. Tagore). Selon le principe de la fugue, Boris, autre fils illégitime, est lui un vaincu. Perdant Bronja, il perd tout. Bousculé par Sophroniska, livré par Édouard, moqué par ses condisciples, déconcerté par son grand-père, abandonné à ses manies, il accepte, il subit le suicide. Il est une victime-née : la face tragique du bâtard.

Pour l'enfant « naturel » de Laura et de Vincent, tout est possible, rien n'est joué. Bâtard à venir, autre roman...

CAUSEUR

« Ce que l'homme a de plus profond, c'est sa peau » (p. 235) : formule de Paul-Ambroise, « empruntée » par Passavant, redite par Olivier pour « épater » Bernard, qui n'apprécie pas. Du salon au boulevard, transfert de l'esprit, étourdissant, paradoxal, superficiel. On sait que Gide, lié depuis ses vingt ans à Valéry, mettait plusieurs jours à se remettre d'une conversation avec cet ami, brillant et déconcertant causeur.

Passavant apparaît ainsi, dans le roman, comme un Cocteau renforcé de Valéry. De quoi conjuguer et conjurer deux insupportables : se sentir trop proche, et si différent, et se sentir si proche, et si insuffisant.

CITATIONS

1. *Égotisme français moderne : Stendhal Barrès, Valéry, Gide*, SEDES-CDU.
2. « Lire *Les Faux-Monnayeurs* », *André Gide 5*, la Revue des Lettres modernes.

On nous dit (D. Moutote[1], A. Goulet[2]) que bien des citations, dans le roman, sont fausses, ou du moins faussées, parfois jusqu'au contresens (comme celui qui, emprunté au traducteur de Nietzsche, transforme « mise en relief des traits principaux » en « érosion » de ces mêmes traits (p. 183). Ainsi pour Pascal, lorsqu'il évoque la passion du Christ ou le nez de Cléopâtre, ou pour Leibniz « *Natura non fecit saltus* » (p. 279), ou pour Montaigne et son « mol oreiller », etc. Il s'agit là de conversations de jeunes gens, au cours desquelles l'exactitude universitaire n'est pas de mise ! Mais ce qui frappe surtout, c'est — outre l'abondance de ces citations et des allusions littéraires — leur discrétion : le travail à la fois apparent et caché de la *référence*, qui multiplie, pour qui s'y applique, les liaisons virtuelles, les ponts, les carrefours. Nul mystère pourtant du labyrinthe. Tout est donné, montré, ouvert, il n'y a pas de sens ésotérique des *Faux-Monnayeurs*.

COUPLES

Dans *Les Faux-Monnayeurs*, les couples ne vont guère. Cette forme minimale de l'association ne se constitue pas tant qu'elle se défait : *décristallisation*. C'est l'apport gidien à l'analyse de Stendhal[1], c'est le témoignage de Gide sur son propre mariage. Les couples des *Faux-Monnayeurs* se déclinent, comme les jeunes gens, les femmes, les âges. Couples bourgeois, marqués par la convention, la lassitude, l'adultère (Vedel, Profitendieu, Molinier) ; couple enfantin, impossible (Boris-Bronja) ; couples jeunes, à peine formés, rompus (Laura-Douviers, Laura-Vincent) ; couple diabolique, passant de l'amour à la haine, à la mort (Lilian-Vincent) ; couple

1. *De l'Amour*, 1822.

âgé dont le quotidien est transformé en enfer conjugal (La Pérouse).

Pourtant *Les Faux-Monnayeurs* sont un chant en l'honneur du couple parfait, cherché à tâtons, d'abord manqué, en Suisse (Édouard-Bernard), en Corse (Passavant-Olivier), puis accompli dans l'éblouissement : Édouard-Olivier. Celui-là rachèterait-il tous les autres ? Mais n'oublions pas que le diable veille : il y a un certain Caloub !

DIALOGUES

Une part considérable des *Faux-Monnayeurs* consiste en dialogues. Gide disait « entendre » ses personnages plus qu'il ne les voyait.

D'un côté les dialogues permettent l'échange des points de vue, le jeu des conceptions opposées ou contraires. De l'autre ils soutiennent ce qui, selon certains, fait des *Faux-Monnayeurs* un roman d'idées, un roman de l'intellectuel, empli de théories et de discussions générales. Il suffit de lire *Contrepoint*, d'Aldous Huxley, composé en imitation (ou en hommage) aux *Faux-Monnayeurs*, pour se persuader de la maîtrise *romanesque* de Gide en ce domaine : ses dialogues sont rapides, évidés, allusifs, un peu stylisés, décalés, comme autocités, profilés en perspective, quel que soit le « sérieux » intellectuel de leur propos. Ils ne prétendent jamais « tout » dire : ce soin est laissé (toujours en perspective) à l'auteur. (Voir le Dossier.)

ÉCHAPPEMENT

Bernard : « Si je pouvais me quitter un peu... » (p. 61).

Édouard : « Ah ! Si je pouvais ne pas m'emmener ! » (p. 125).

Le vœu d'échapper à soi est le répondant et l'exact inverse du journal intime. Édouard le relie clairement à la question de l'impossible sincérité, par un sentiment qui est proche, en son principe, de celui de Montaigne ou du *Neveu de Rameau* de Diderot : « Mon être du matin ne reconnaîtrait pas celui du soir. » Et : « Rien ne saurait être plus différent de moi, que moi-même. » C'est que l'auteur, ou le personnage du romancier, ne vit bien que par procuration, par épousailles. « Cette force anti-égoïste de décentralisation » fait qu'Édouard (que Gide) ne se sent jamais vivre plus intensément que lorsque, dit-il, « je m'échappe à moi-même pour devenir n'importe qui » (p. 73).

ÉDUCATION (DES ENFANTS)

La préoccupation de l'éducation des enfants tient une place importante dans *Les Faux-Monnayeurs*. La génération plus ancienne se soucie d'offrir aux plus jeunes instruction et culture, elle veille à assurer la transmission bourgeoise du savoir et des codes sociaux. La pension Azaïs est le temple (ambigu) où s'effectue cet office. En cela éducation et religion se rejoignent : où la fausse monnaie côtoie et parfois chasse la bonne.

La véritable éducation que vante discrètement le roman, et que Pauline Molinier concède, non sans quelque dépit, à Édouard, est socratique. Un oncle, un écrivain, un amant forme incomparablement l'intelligence et la sensibilité d'un adolescent. *Les Faux-Monnayeurs*, ou la subtile transcription romanesque des thèses « scandaleuses » de *Corydon*. (Voir le Dossier.)

ENFANTS

Les enfants fascinent Gide. Le désir de les attirer, de les libérer et de les séduire (mais Madeleine n'est pas consentante) se double d'un sentiment de culpabilité que *Corydon* retourne par un coup de force : un enfant se suicide parce que l'adulte n'a pas su répondre à son attente. Si la parabole de l'enfant prodigue a préoccupé Gide toute sa vie, il a été non moins poursuivi par cette autre parole du Christ : « Si vous scandalisez un seul de ces petits... »

Gide, *Journal des Faux-Monnayeurs*, 13-1-1921 : « La plus belle ruse du diable peut bien être de chuchoter " je n'existe pas ", c'est une adresse à peine moindre de sa part que de se tapir au cœur même de l'enfance. » (Voir le Dossier)

FAITS DIVERS

En 1927, André Gide fit ouvrir dans la *NRF* une rubrique « Faits divers ». Il proposa lui-même quelques exemples, mais eut à déplorer l'incompréhension du public. La rubrique fut rapidement supprimée. Le fait divers selon Gide a la force d'une hantise (comme celle du suicide du lycéen de Clermont-Ferrand, dont, selon son témoignage, seraient nés *Les Faux-Monnayeurs*) ; il ne doit pas tant amuser, ou instruire, ou intriguer, que *sidérer* : entrouvrir des abîmes. (Voir le Dossier.)

FAMILLES

La famille est par excellence le milieu naturel des *Faux-Monnayeurs*. Fidèle à son système de variations contrapunctiques, Gide en examine diverses variétés. Premier principe : pas de famille sans secret. Deuxième principe : aucune ne permet l'épanouissement complet des enfants ; la pire, c'est la plus vertueusement puritaine. Troisième principe : la liberté se conquiert contre la famille, la révolte s'exerce d'abord contre elle. Corollaire : si la famille est le seul horizon social nettement dessiné des *Faux-Monnayeurs,* on mesure à quel point Gide était pénétré de l'esprit d'enfance : sa vertu, sa limite.

FAUSSE MONNAIE

[1] « *Les Faux-Monnayeurs* et l'argent », *Cahiers André Gide 8*.

D.A. Steel[1] remarque que, dans *Les Faux-Monnayeurs*, les littérateurs, Édouard et Passavant, sont les banquiers des autres personnages ; banquiers un peu particuliers, cependant, car, sans rien apparemment leur demander en échange, ils leur prêtent de l'argent, les secourent, se font leurs créanciers. Double « dépense », double supériorité : littéraire et monétaire ?

On sait par ailleurs, puisque Édouard s'en explique, qu'il projette de donner à son roman en abyme le titre : *Les Faux-Monnayeurs*, en référence à ses confrères faussaires en littérature, au premier rang desquels Passavant. Pour Gide, il a été inspiré par les faits divers, en particulier le procès de faux-monnayeurs se piquant de préoccupations littéraires. Double appartenance : bande, cénacle ?

Dans le roman, des pièces circulent ; Bernard en exhibe une au chapitre 3 de la deuxième partie : elle est de cristal doré. Édouard, lui, couve en son esprit de vagues idées « de change, de dévalorisation, d'inflation », qui peu à peu envahissent son livre projeté, comme les théories du vêtement, dit Gide, envahissent le *Sartor resartus* de Carlyle. Double nature : réelle, idéelle, de cette monnaie ?

Toutes ces données, ainsi que celles qui assimilent faux-monnayeurs et révoltés anarchistes, et qui font d'eux les pervertisseurs d'« enfants » de bonne famille, invitent à accorder au titre du roman sa pleine valeur d'emblème. Surtout si l'on tient compte de ceci : Gide prend soin de situer l'action avant la guerre, à l'époque du franc-or. Sensible à cette préoccupation, J.-J. Goux s'inspire surtout des *Faux-Monnayeurs* dans son analyse générale de l'économie politique du signe depuis Mallarmé[1]. Fausse monnaie : crise de la représentation ? (Voir le Dossier.)

1. *Les Monnayeurs du langage*, 1984.

FEMMES

Nombreuses sont les femmes et jeunes filles dans *Les Faux-Monnayeurs*, où elles ont largement la parole. Riche déclinaison : la résignée charmante (Pauline), l'insatisfaite fugueuse (Marguerite), la dévergondée (Sarah), la sacrifiée (Rachel), la vamp séductrice et perverse (Lilian), la jeune fille bien qui a fauté (Laura), la rêveuse égarée (Madame Vedel), la psychanalyste à poigne (Sophroniska), l'ange adolescente (Bronja), la servante au grand cœur (Fine), la vieille Madame La Pérouse, détruite par la décristallisation, d'autres encore ? Édouard note qu'il est en quelque façon dans la nature de la femme de consacrer les trésors de son dévouement à l'homme qu'elle aime. Ironie ? Pas sûr. *Les Faux-Monnayeurs* ne sont pas le roman de la femme.

GRESHAM (LOI DE)

On a donné le nom de Gresham, contrôleur des Finances de la reine Élisabeth Ire, à une loi économique que Charles Gide, économiste de renom et oncle de l'écrivain, formule ainsi : « Dans tous les pays où deux monnaies légales sont en circulation, la mauvaise monnaie chasse la bonne[1]. » La mauvaise monnaie, jeton dévalué (tel l'assignat), est utilisée de préférence à la bonne (ainsi le louis d'or), trésor serré dans les coffres dans l'attente de jours meilleurs ou d'une circonstance exceptionnelle (exigence d'un débiteur, d'un client, de l'étranger).

On se rappelle que Strouvilhou, au cours de sa profession de foi, utilise la formule. Il vise la littérature, dans laquelle il ne voit que complaisances et flatteries, et plus généralement la vie sociale, selon lui corrompue jusqu'à la moelle. Les sentiments communément admis, lance-t-il, « sonnent faux comme des jetons, mais ils ont cours. Et comme l'on sait que " la mauvaise monnaie chasse la bonne ", celui qui offrirait au public de vraies pièces semblerait nous payer de mots... » (p. 319). Il pose par là la question du fondement de la valeur monétaire (modèle de toutes les autres). Au nom de quoi sauver de la crise qui les frappe les mots, les œuvres et les sentiments ? (Voir le Dossier.)

1. *Principes d'économie politique*, 1883.

Alpiniste au col de Zarmire. Bibliothèque des Arts Décoratifs, Paris. Ph. Archives Jean-Loup Charmet.
« Nous rentrons à l'instant d'une course énorme. Ascension de l'Hallalin — guides encordés avec nous, glaciers, précipices, avalanches, etc. »

J.-S. Bach : *Le Clavier bien tempéré*. Frontispice du manuscrit, 1722.
Ph. © G. Mandel-Artephot.
« Un accord parfait continu [...] Mais tout notre univers est en proie à la discordance. »

JUSTICE

Gide, qui avait voulu devenir juré de cour d'assises, et qui y était parvenu, savait d'expérience à quel point «justice n'est pas rendue». Dans le roman, les juges (Profitendieu, Molinier) sont des pères de famille dotés d'une « police » efficace. Ainsi la justice ni la police ne sont des domaines constitués, autonomes. La société, plus largement, n'existe que comme toile de fond. Il n'y a pas plus de fonctionnement que de corps social dans *Les Faux-Monnayeurs*. Il n'y a pas de justice.

LIAISONS

Certaines liaisons, dans le roman, sont dangereuses. Mais aucune n'est, en somme, scandaleuse. Toutes s'efforcent d'être « recevables ». En cela *Les Faux-Monnayeurs* signent l'homologation littéraire des liaisons homosexuelles masculines, plus précisément : de la pédérastie. Certes (après Dolmancé!) il y avait eu Vautrin, il y avait Charlus. Mais, outre qu'il s'agit ici de relations pédophiles, le propre des *Faux-Monnayeurs* est de traiter, sur le mode neutre d'une circulation généralisée de jetons équivalents, aussi bien l'échange des idées, des propos, des lettres, du numéraire, des services, que celui des sentiments et des corps. Le même vaut l'autre, ils s'égalisent en fin de compte. À cette révélation, il ne se mêle aucune provocation, aucun libertinage. Mais c'est que le roman tout entier est saisi par la même figure, celle du même : la réalité et son double, la littérature et son prétexte, la pièce fausse et la vraie. Ne retrouve-t-on pas là, problématisé, idéalisé, le rapport spéculaire, homologue, du même au même ?

MAGIE

Boris s'adonne à des rituels magiques. Ce trait est un symptôme parmi d'autres de son malheur (phobies, crise d'angoisse, onanisme), la marque d'une « différence » fondamentale par laquelle Gide reproduit sa propre situation infantile — exposée dans *Si le grain ne meurt*, ainsi que l'a remarqué Jean Delay. (Voir le Dossier.)

Cette magie se donne dans *Les Faux-Monnayeurs* comme un accès privilégié au signifiant. Le « talisman » et ses signes ésotériques renvoient, selon Sophroniska, à un sens enfoui, une signification obscure mais déchiffrable, dont elle s'efforce de découvrir la clé. Hélas, la légèreté avec laquelle elle dispose de ce talisman, et l'aliène, anticipe sur l'échec de son entreprise : elle abandonne Boris à qui peut lui nuire. Sa cure est un fiasco parce que, mal relayée par Bronja, qui se place du point de vue surplombant et univoque du Bien, elle ne vise quant à elle que des signifiés cachés (un secret) et nie ce qui en Boris est recherche balbutiante d'une langue propre, mirage d'un idiolecte (« Gaz, électricité, 100 000 roubles »), provocation ludique de la glossolalie (« Vibroskomenopatof. Blaf blaf »), cliquetis de propositions inversées et contraires (« Il fait trop chaud, il fait trop froid »), rêve humoristique de langues probables, l' « italoscope », le « perruquoi » et le « xixitou », à l'instar de l'écolier limousin. Moins clairvoyante et moins optimiste que Rabelais, Sophroniska méconnaît dans le comportement irrationnel de l'enfant ce qui relève d'une approche tâtonnante et fiévreuse de la lettre.

Il y a dans le jeune Boris, et le Diable le sait, un Gide brisé dès l'enfance, interdit de littérature, empêché de jouir de la magie qu'il s'invente pour se sauver seul à partir de sa propre déroute.

MONOLOGUE INTÉRIEUR

Selon Gide, il est inexact de prétendre que Joyce aurait inventé le monologue intérieur. Il en voit déjà des exemples tout formés, et admirables, dans Dostoïevski. Cette remarque des *Conférences* permet de mieux comprendre l'usage que Gide fait, dans *Les Faux-Monnayeurs*, de ce mode d'exposition, en liaison très maîtrisée et efficace avec le style direct, le style indirect et surtout avec le style indirect libre. Le monologue intérieur (de Bernard par exemple) n'est pas flux incoercible, abandon aux pouvoirs du langage, mais toujours en quelque façon et quel qu'en soit le contenu, un monologue classique, délibération et discussion intime d'un sujet. En ce sens le journal intime, lui-même « genre » déjà ancien, apparaît comme la manière proprement gidienne, la forme extrême de son monologue propre, écriture par laquelle il fait entendre, parmi toutes les autres, *sa* voix.

NAUFRAGE

La *Bourgogne* (1898), Le *Titanic* (1911), naufrages. Gide s'était fait conter le premier par un rescapé. C'est Lilian Griffith qui est chargée dans le roman de représenter, par sa personne, son comportement, sa fin, ces désastres modernes. Elle signale par là les effets du darwinisme social, lisse, parfumé, en ce qui la concerne, et pourtant féroce. Quel contraste entre le luxe oriental où elle vit et l'image des mains coupées à la hache, s'agrippant palpitantes au canot surpeuplé ! Le pathétique de cette scène de cauchemar n'a rien de parodique. Lady Griffith, comme Strouvilhou, a radicalement tiré les conclusions du *struggle for life* — jusqu'au désespoir.

NOMS

Dans l'ensemble de ses œuvres, Gide a doté ses personnages de noms surprenants. On retrouve dans *Les Faux-Monnayeurs*, outre son usage libre et souvent tant soit peu ironique des prénoms, son goût pour des sonorités un peu étranges, à demi exotiques, décalées : Dhurmer, Bronja, Ghéridanisol, Strouvilhou, Azaïs, Baptistin Kraft, Cob-Lafleur, etc ; certaines sont encore plus franchement comiques et expressives : Profitendieu, Passavant, le petit Bercail (doux comme un mouton), Sophroniska (mixte gréco-polonais où l'on retrouve *sophron*, sage, du nom de ces magistrats d'Athènes qui étaient chargés de veiller sur les mœurs des éphèbes !), Caloub (anagramme de « boucla », un instant appelé « Toubib » !), etc. H. Goulet a savamment décrypté les références théologiques et médiévales du couple Albéric-Bernard Profitendieu. Avec Lady (Milady ?) Lilian Griffith, la vamp mondaine aux ongles acérés, revue par les affichistes *modern style*, on rejoint aussi la première femme fatale apocryphe, Lilith, l'anti-Ève de la tradition juive.

Confirmation dans un registre proche : *Le Grand Écart*, de Cocteau, devient *La Barre fixe*, de Passavant ! Bref Gide s'amuse avec les mots. C'est un point de ressemblance non fortuit avec Boris, qui cherche sa jouissance et son vertige dans les signifiants. Pour l'auteur des *Caves* et des *Faux-Monnayeurs*, les noms étranges ou loufoques sont une arme contre le réalisme, mais aussi contre l'angoisse, une petite provocation, un anarchisme minimal. S'il y a rire dans le roman, ce serait là. (Voir le Dossier.)

ONANISME

Gide n'a pas cru devoir cacher, dans *Si le grain ne meurt,* les raisons qui l'ont fait chasser de l'École alsacienne.

L'onanisme est lié dans le roman au nom de Boris, et, en contrepoint mineur, pour qui sait lire un journal intime, comme Sarah, à celui du pasteur Vedel. Double lien donc, de cette « manie » : avec d'abord le repli sur soi, qu'on peut rapporter ici au sentiment de culpabilité consécutif à la mort du père, et à la fascination exclusive pour le corps propre, lieu de tous les fantasmes (magie) par opposition phobique au corps de la mère ; avec ensuite la tenue du journal intime, l'examen de conscience scrupuleux exigé en particulier par la religion réformée.

L'écriture d'un roman-journal en abyme — l'homosexualité gidienne (« grecque »), affirmée contre la force répressive du protestantisme — la conjonction de ces deux données fondamentales dans *Les Faux-Monnayeurs* : continuation de l'onanisme par d'autres moyens ?

PARIS

La géographie du Paris des *Faux-Monnayeurs,* centrée sur la rive gauche et le sixième arrondissement, signale l'excentricité relative d'Édouard, habitant de Passy. L'ordre du récit, de Paris à Paris en passant par la Suisse, signale la centralité de la capitale française, lieu où se noue le faisceau rompu d'intrigues qui constituent le roman. Gide, grand voyageur, est dans *Les Faux-Monnayeurs naturellement* parisien. Ce lieu jamais décrit est supposé les contenir tous en abyme, et tous les abolir : lieu par excellence, non-lieu.

PATERNITÉ

Selon J.-J. Goux[1], les trois pères (défaillants) qui paraissent successivement dans le roman figurent de manière « étonnante » les trois fonctions de la monnaie, à savoir la fonction « idéale » de *mesure des valeurs,* ou *étalon* (il dit encore : *archétype*) ; la fonction « symbolique » de *moyen d'échange,* ou *jeton* ; et la fonction « réelle » de *moyen de paiement ou de thésaurisation,* ou encore *trésor*.

D'abord, pour Robert et, d'une autre façon, pour Gontran, le vieux comte de Passavant, l'homme de la noblesse, n'a pas représenté la référence ou la mesure transcendante attachée à la fonction paternelle ; ensuite, pour Bernard, Maître Profitendieu, l'homme de loi, n'étant pas son père réel, se disqualifie à ce titre (du moins dans un premier temps) ; enfin pour Armand, le pasteur Vedel, l'homme de religion, n'est qu'un faux jeton de l'intériorité qui trahit l'authenticité de sa fonction. Ce triple fonctionnement et dysfonctionnement de la *fonction paternelle* serait ainsi sur-

---

1. *Op. cit.*

déterminé par une théorie implicite mais active, dans le roman, de la *monnaie, équivalent général* valant aussi bien dans le troisième registre de la *langue*.

La question n'est pas de savoir jusqu'à quel point André Gide a délibérément mis en place ces homologies (bien qu'à mon sens, il les ait très consciemment orchestrées), mais si le texte les autorise. Tenons-nous-en pour le moment à la thèse. Selon J.-J. Goux, le roman de Gide « a pour sujet radical la crise historique de la forme équivalent général ». Ce roman a pour titre, rappelons-le, *Les Faux-Monnayeurs*.

PERSONNAGES

Le romancier est-il dépassé par ses personnages ? Voilà une question qu'on se pose beaucoup en lisant le *Journal des Faux-Monnayeurs*, et qu'on se pose beaucoup moins en lisant *Les Faux-Monnayeurs*. Non que Gide soit en l'occurrence suspect de mensonge. Mais l'ironie défensive du romancier est efficace, jusque dans le chapitre 7 de la deuxième partie, où il ne paraît guère débordé par ses créatures. Sans doute, pourtant, dans son travail, Gide est-il hanté par des figures, traversé par des discours, obsédé par des formules, visité par des formes vagues ou incomplètes, des quasi-propos, des bribes de sons et des ébauches de gestes. Qu'est-ce à dire ? Et si ce fantôme n'était autre que *son roman à l'état de journal intime* ?

Édouard ne le laisse-t-il pas entendre ? Les personnages seraient alors les fantômes de ce fantôme, des simulacres, Édouard dit : des idées. Accédant au « genre » de réalité dont ils sont susceptibles, ils ressembleraient dans cette hypothèse à cette monnaie de papier que le romancier-banquier d'après-guerre (plus coupable en cela que le faux-monnayeur d'avant 1914, qui contrefait une pièce d'or), crée de son fonds propre, sans encaisse-or correspondante, à cours forcé.

PRÉPARATIONS

Le récit des *Faux-Monnayeurs* n'est pas si soumis à l'inattendu, à l'éventuel, si rebelle à toute prévision qu'il ne ménage çà et là des liaisons autres que thématiques (comme le ruban jaune, ou la valise ouverte).

C'est dire que si Gide souhaite ne pas « profiter de l'élan acquis » entre les chapitres *(Journal des Faux-Monnayeurs)*, il ne néglige nullement les petites ruses et les dispositifs retors, il sacrifie comme un autre à l'art des préparations. Faut-il en remercier Martin du Gard, qui a su convaincre Gide de réunir des intrigues disparates, ou bien reconnaître l'habileté banale du conteur d'histoires — la banalité étant, avec la non-existence, l'un des attributs essentiels du démon ?

PRÉSENT

L'usage fréquent, dans la narration, du présent de l'indicatif, à côté des temps du passé, ne laisse pas de produire une impression étrange, presque gênante. On sait ce qui l'appelle. *Les Faux-Monnayeurs* se veulent un roman au présent, Gide s'affirme par lui présent, c'est-à-dire à la fois authentique, disponible à l'éventuel, et poreux à l'éternité. Tout cela motive l'emploi du présent, si classique par ailleurs. Mais précisément : alors que le classique présent de narration ancre l'action dans le récit, la dramatise, la naturalise, la consacre littérairement, le présent gidien déconcerte, décentre, dévraisemblabilise ce qu'il rapporte. Délesté de son poids indubitable de réalité, comme le théorise l'image dédoublée des foyers de l'ellipse, ce présent marque paradoxalement un écart, d'où le sentiment de gêne du lecteur. Le présent ne peut cacher le brouillage structurel qui affecte la *représentation* gidienne.

PROTESTANTISME

On connaît la formule du *Journal* : Gide s'y compare à « un enfant qui joue » doublé d'un « pasteur qui l'ennuie ». Dans *Les Faux-Monnayeurs,* elle ne perd rien de sa bizarre pertinence. En effet, les passages, assez longs, qui concernent le monde moral du protestantisme, ses principes, ses rites, son style (mariage de Laura, vie quotidienne dans la pension Vedel-Azaïs), son « odeur » même, peuvent passer pour les plus satiriques du roman, avec la peinture d'Oscar Molinier et le banquet des « Argonautes ». Ce n'est pas seulement qu'ils sont rapportés à la première personne par Édouard dans son journal, mais on y sent avec une intensité extrême les griefs accumulés depuis des années par Gide lui-même.

De cela un témoignage, parmi d'autres : pendant la cérémonie du mariage qui se déroule dans la petite chapelle protestante de la rue Madame, Olivier, en toute innocence nous dit-on (c'est un « enfant »), abandonne pour la première fois sa main à Édouard (p. 98-100). Le lecteur, saisi par l'ambiguïté de la situation, est invité par ce même Édouard, le narrateur, à partager avec lui l'impression pénible que produisent « ces murs nus, l'abstraite et blafarde lumière où baignait l'auditoire, le détachement cruel de la chaire sur le mur blanc du fond, la rectitude des lignes, la rigidité des colonnes qui soutiennent les tribunes, l'esprit même de cette architecture anguleuse et décolorée ». Cette « disgrâce rébarbative », cette « intransigeance » et cette « parcimonie » sont rachetées triomphalement par la sensualité de l'attouchement sacrilège, comme est sacrilège la réflexion d'Olivier, qui chuchote à l'oreille de son oncle

Édouard : « Moi, je m'en fous : je suis catholique. » C'est bien Gide encore qui s'exclame ici, avec la violence ludique que signale le « gros mot », et qui se dédouble amoureusement en cet enfant « ennuyé » par les alliés de sa mère, la corporation revêche et castratrice des pasteurs protestants. Il leur échappe, il est « catholique » — écrivain, pédophile, libéré !

PSYCHANALYSE I

Les Faux-Monnayeurs sont le premier roman français où apparaisse un personnage de psychanalyste. Gide a en effet été en 1921-1922 en relation avec le docteur Sokolnicka, disciple polonaise de Freud ; il aurait même, fugitivement, commencé une analyse avec elle. Quoi qu'il en soit, au moment où, l'un des rares en France, il lisait Freud et manifestait son intérêt pour ce qu'on appelait alors le « freudisme », il a pris connaissance avec la plus vive curiosité des idées et des méthodes d'Eugenia Sokolnicka. Celle-ci s'est penchée en particulier sur les névroses infantiles, comme en témoigne son article de 1920, « Analyse einer infantilen Zwangsneurose », relatant les soins qu'elle a prodigués à un jeune garçon russe (ou polonais), modèle à l'évidence du Boris des *Faux-Monnayeurs*. (Voir le Dossier.)

André Gide a les mêmes raisons de se passionner pour Freud que pour Dostoïevski ; l'un et l'autre osent pénétrer

Page manuscrite du *Journal d'André Gide,* 1925. Bibliothèque littéraire Jacques-Doucet, droits réservés. Ph. Éditions Gallimard.

dans l'espace jusque-là obscur ou interdit de la sexualité et plus largement des conduites, des motivations inexplicables ou inavouables. S'il se sépare de Freud assez vite, c'est sans doute qu'il n'apprécie pas le jugement porté par le père de la psychanalyse sur l'homosexualité et les « perversions » en général. Gide refuse l'interprétation de Freud, qui devient alors un « imbécile de génie ». En dernier ressort, le recours à la figure du diable, pour rendre compte de la question cruciale de la perversité-perversion, remplace avantageusement aux yeux de Gide, en ce domaine aussi, la référence aux concepts et aux hypothèses de Freud. Pourtant, dans le cas de Boris, Gide retient précisément les symptômes et les grandes lignes du diagnostic de Mme Sokolnicka. Mais la transformation satirique de son nom, ainsi que les critiques ouvertes qu'il lui adresse par l'entremise d'Édouard, témoignent des réserves du romancier face à une théorie et à une pratique, celles de Sophroniska, qui pèchent selon lui par leur dogmatisme naïf et leur positivisme étroit : de sorte que, quelque excellentes que soient ses intentions, l'analyste du roman ne laisse pas de provoquer dans la personne de son patient des dégâts irrémédiables. Le « freudisme » de Sophroniska échoue face à l'action autrement subtile du Malin.

PSYCHANALYSE II

Représentée dans le texte, la psychanalyse intervient également du dehors, et doublement. *Les Faux-Monnayeurs* sont comme pris en tenaille par la psychanalyse ! En effet, les critiques n'ont pas manqué de soumettre l'auteur (et accessoirement son livre) au même principe d'analyse dont le livre, par l'intermédiaire de Mme Sophroniska, se fait dès 1926 l'écho. Outre Jean Delay et Jacques Lacan (voir le Dossier), on notera l'interprétation d'A.-M. Moulènes et J. Paty, consignée dans un bref article « *Les Faux-Monnayeurs* ou l'œuvre sans objet[1] ». Ces auteurs, notant justement le rapport difficile et complexe de Gide à la réalité, interrogent à leur tour son enfance et y décèlent « l'absence d'images parentales et le défaut d'identification qu'elle entraîne ». Échappant à l'Œdipe, Gide échappe par là même à la névrose, pour autant que, selon la formulation freudienne, la structure perverse est l'antécédent, le « négatif » de la névrose, au sens photographique du mot. Gide enfant n'a pas disposé du père, mort trop tôt, ni donc d'image du couple, et il a refusé l'image de la mère, vécue comme aimante mais écrasante. « Les manifestations de conversion, les rituels obsessionnels, les préoccupations phobiques et l'angoisse qu'il fera plus tard porter à Boris, ne sont que les compensations transitoires d'un moi

[1]. In *Cahiers André Gide* 5.

écrasé à une situation intolérable et camouflée, refoulée dans l'inconscient. » Guetté donc par la névrose, le jeune Gide réagit par la simulation (ses « crises » d'épilepsie). La sexualité, qui intervient ensuite avec son cortège de « magie », rend patent, ouvert, le conflit avec la mère.

Conséquence de l'attitude « à la fois ambivalente et critique » vis-à-vis de sa mère, le mouvement de duplication du moi. « A mi-chemin du moi inexistant de psychotique qu'il donne à son André Walter, Gide trouve son autonomie en vivant un " moi divisé ", dans une géométrie toute personnelle qui élude la présence du père et vit celle de la mère jusque dans le refus. » Ce point de vue emprunte à Freud (« scission du moi »), mais aussi à la théorisation lacanienne du « stade du miroir »[1] — redoublement et aptitude jubilatoire à vivre la duplicité de l'instant.

Cette absence d'images parentales de référence ainsi que d'imago personnelle entraîne, selon J. Paty, une autre conséquence : « Gide se trouve condamné à rester fixé à des identifications sans objet. » Le sentiment de « ne pas être comme les autres », l'aspect « caméléon » et mimétique de sa personnalité le conduisent à la création continue, reproduction de miroir en miroir, qui prend heureusement pour lui la forme de l'entrée en littérature.

Ainsi, dire que seul existe pour Gide le monde des reflets et des apparences,

1. D'après Lacan, phase de la constitution de l'être humain, qui se situe entre les six et dix-huit premiers mois ; l'enfant [...] anticipe imaginairement l'appréhension et la maîtrise de son unité corporelle[...] par l'identification à l'image du semblable comme forme totale « illustrée et actualisée concrètement par l'expérience où l'enfant perçoit sa propre image dans un miroir ». Laplanche et Pontalis, *Vocabulaire de la psychanalyse*.

dire que l'Autre lui reste inaccessible, que la réalité le gêne ou qu'elle ne peut exister pour lui que « reflétée dans un miroir », n'implique pas nécessairement, ou simplement, que l'individu Gide soit « pervers », mais suggère plutôt, parce qu'il détourne le réel à son profit et qu'il élude les apparences, comment Gide écrivain peut atteindre à la jouissance esthétique. Et, oserait-on ajouter, à l'originalité littéraire. « L'apparent paradoxe d'une œuvre romanesque sans image et d'une vie où l'imaginaire se veut tout-puissant, se résout pour Gide dans la réussite d'une œuvre diffusée, partagée, dans le sentiment jubilatoire de sa réalité sensible. »

À un univers personnel construit autour d'un manque, d'un vide initial, répond littérairement un univers romanesque se dédoublant en abyme, mouvement indéfini que Gide esquisse, puis esquive, laissant le lecteur « vivre son propre désir devant l'œuvre inachevée ». Le roman gidien, concluent A.-M. Moulènes et J. Paty, n'est pas la description d'une personne, mais le partage d'une expérience. *Les Faux-Monnayeurs* réalisent l'anti-récit, reportent l'intérêt du héros vers le lecteur. « Le roman n'est pas tentative d'élucidation, mais rémanence d'une illusion. »

Cette sentence dernière, s'en tenant à la notion limitative (même si elle n'est pas dépréciative) d' « anti-récit », n'échappe pas au verdict : illusion toujours. Soit. Mais peut-être le psychanalyste s'illusionne-t-il à son tour, marqué qu'il serait par un modèle classique du roman ? Quoi qu'il en soit, la psychanalyse peut bien prendre un instant sa revanche sur un romancier qui, l'ayant si bien devinée, l'a, pour réaliser son œuvre selon « sa pente », si vite écartée.

PURETÉ

Pureté : Boris est pur, ou cru tel, paradoxalement, par ceux qui le soignent. Pureté : le roman devrait être pur, estime Édouard, à la manière de l'abbé Bremond qui se guide, à la même époque, selon l'orient de la « poésie pure ».

Cette référence classico-protestante hante les écrits de Gide. Pureté des mœurs, pureté du style : entre le *rien de trop* qu'il admire chez les grands écrivains, les moralistes, mais aussi qu'il condamne comme insupportable parcimonie chez les jeunes gens, vieillesse prématurée de l'esprit, et le *beaucoup trop*, l'impureté triomphante et envahissante, où donc se tient l'exacte place du pur ? Pour le roman, parler de pureté n'a guère de sens que *virtuel*, comme Gide le sent de reste. Pureté, déni du mêlé de la touffe vitale, rêve qu'éclose enfin par la magie simple du reflet, idée même et suave, l'absente de tout bouquet...

READY MADE

Le fer à repasser à clous de Man Ray et la Joconde à moustache de Duchamp

(1920), avant celle de Dali, figurent au chapitre 16 de la troisième partie des *Faux-Monnayeurs*. Certes ces « ready made » sont présentés, à l'instar du *Vase nocturne* (démarquage de l'urinoir intitulé *Fountain*, 1917), comme des monuments dérisoires de l'art moderne. En eux pourtant ce n'est pas le chef-d'œuvre qui est dénoncé, mais l'admiration stupide que lui voue le public. Dérisoires, ces objets ou ces œuvres détournés ? Pour Gide, probablement. Mais, aux yeux de l'auteur des *Faux-Monnayeurs*, ils ne sont nullement indifférents — révélateurs, en tout cas, d'une évolution des esprits dont le faux-monnayeur Robert de Passavant ne se soucie que pour la pervertir. L'iconoclasme est sans doute préférable à l'hypocrisie.

RÉALITÉ

« Le monde réel me demeure toujours un peu fantastique. [...] C'est le sentiment de la réalité que je n'ai pas. Il me semble que nous nous agitons tous dans une parade fantastique et que ce que les autres appellent réalité, que leur monde extérieur n'a pas beaucoup plus d'existence que le monde des *Faux-Monnayeurs* ou des *Thibault* » (*Journal*, 20-12-1924).

De même Édouard dans son Journal : « Rien n'a pour moi d'existence que *poétique* (et je rends à ce mot son plein sens) — à commencer par moi-même. Il me semble parfois que je n'existe pas vraiment, mais simplement que j'imagine que je suis. Ce à quoi je parviens le plus difficilement à croire, c'est à ma propre réalité. Je m'échappe sans cesse et ne comprends pas bien, lorsque je me regarde agir, que celui que je vois agir soit le même que celui qui regarde, et qui s'étonne, et doute qu'il puisse être acteur et contemplateur à la fois » (p. 73).

REGISTRES

Tons divers, dans *Les Faux-Monnayeurs*, registres multiples, qui vont du journal intime, ou des notes de travail, au récit en forme, à la narration dramatique, ou pathétique, ou traversée par le burlesque (le fauteuil qui se brise dans la chambre d'hôtel de Laura, la bourre dans l'œil de Justinien), ou didactique, sans oublier les dialogues d'idées, et divers exercices, tels que le petit aperçu d'unanimisme proposé par Bercail (fin du chapitre 1 de la première partie), le souffle de fantastique qui accompagne l'ange du chapitre 13 de la troisième partie, ou encore l'autoparodie que constituent les « bonnes pages » du roman d'Édouard destinées à son neveu Georges Molinier (p. 348-350).

Et pourtant, il y a de toute évidence une unité de ton dans *Les Faux-Monnayeurs*. Guère de texte qui fasse moins *baroque* que celui-là. Ses différences de registres s'égalisent sous la limpidité (apparente) du style gidien.

ROMAN

Il y a plusieurs romans dans ce roman. Il y a un roman d'aventures, qui commence joliment, par une révélation, une rupture, une fuite, une errance, une indiscrétion, un vol, tout ce qu'il faut pour tenir en haleine... Après un temps de suspens, les aventures ne manquent pas non plus dans la dernière partie : un suicide (manqué), une opération d'escroquerie (bien engagée), un coup de pistolet (à blanc), un duel (avorté), des interpellations (sélectives), un autre suicide (presque réussi), deux nuits d'amour (diversement suivies d'effet), un assassinat-suicide (trop bien réussi) !

Il y a aussi dans *Les Faux-Monnayeurs* un roman d'éducation, ou d'apprentissage, qui prend la suite du premier roman d'aventures, car il concerne surtout Bernard, mais également, en contrepoint, tous les jeunes gens (bien moins les jeunes filles) ; on s'y forme (ou on s'y perd) par l'expérience, par les femmes, de préférence par l'intervention d'un « oncle », protecteur bénéfique ou maléfique. Les parents assistent, vaguement impuissants, à ces éducations sentimentales. Le roman d'apprentissage se transforme un moment, pour Bernard, en roman d'initiation, lorsque, nouveau Jacob, il combat avec l'ange, ultime avatar de sa formation adolescente.

Il y a dans *Les Faux-Monnayeurs* un roman de liaisons sentimentales et de déliaisons alternées, dont les intrigues dépendent les unes des autres. Le carré majeur des hommes réunit en combinaisons diverses Édouard, Bernard, Passavant, Olivier ; Laura erre entre trois hommes : elle épouse celui qu'elle aime le moins ; Lady Griffith arrache Vincent à Laura, avant que Vincent ne l'arrache elle-même de sa vie ; Bernard se partage un temps entre Laura, platoniquement, et sa sœur Sarah, charnellement ; les autres couples se défont, ou à peu près. Vives passes, douleurs plus longues. Ce roman-là est rapide, agrémenté d'esquisses secondaires, sur fond de lamento continu...

Il y a encore dans *Les Faux-Monnayeurs* un roman policier, pseudo-enquête lâchant de temps à autre un mince indice, ou un leurre, une révélation scandaleuse, ou une information (la rosette de Georges, le nom de Strouvilhou, l'entreprise de débauche, puis de fausse monnaie), dont les deux juges sont les enquêteurs diversement perspicaces. La solution en est donnée dans la troisième partie : étrange révélation, que la mise à jour de cette bande (?) de faux-monnayeurs écoulant des fausses pièces de vingt francs avant de recycler leur anarchisme dans les opérations littéraires du vicomte de Passavant ! À n'en pas douter Gide mystifie son lecteur, et le roman policier en pointillé ou en filigrane, esquissé, enfoui, refusé des *Faux-Monnayeurs* tourne *in extremis* au roman noir. Tant il est vrai que le démon de la perversité ne saurait se soutenir du réalisme « policier » ordinaire !

Il y a, en outre, un roman d'idées, voire un roman de l'intellectuel, dans ce roman où l'on parle tant, et parfois fort bien, de questions sérieuses, et parfois savantes : problèmes moraux, conjugaux, religieux, littéraires, artistiques, esthétiques, psychologiques, scientifiques, politiques, fort mêlés et fort passionnants, mais jamais détachés des personnages et de ce personnage majeur qu'est l'auteur, dédoublé, féru d'idées, dialoguant...

Il y a, bien sûr, dans *Les Faux-Monnayeurs*, un roman du roman, comme le remarque Cl. Martin[1], selon qui « chaque personnage [...] est pour Gide la représentation d'un des moments essentiels de la création romanesque. » L. Linder[2] a développé cette intuition. Dans l'ordre, et en bref : Bernard, début de tout roman, puis suite d'esquisses non publiées ; Olivier, suite forcée, trop poussée, du roman, jusqu'à un faux dénouement, son faux suicide ; Azaïs, le mauvais romancier, ridicule et contraignant ; Vincent, mise en scène du dialogue intérieur qui peu à peu s'éteint, jusqu'à la possession complète ; Lady Griffith, hors roman, pur mythe ; Boris, parfait dénouement, à la fois imprévisible et nécessaire, « acte terminal où aboutissent toutes les actions » ; Édouard, romancier incapable d'accep-

1. *Gide*, Seuil.

2. « Le roman du roman », in *Cahiers André Gide 5*.

ter le réel, et qui donc échoue ; Strouvilhou, image de la collaboration du démon — du hasard ; enfin le narrateur, qui par ses incursions donne l'impression que le roman, en un présent continu, s'écrit lui-même.

Il y a, plus sûrement, dans *Les Faux-Monnayeurs*, un roman métaphysique, ou, comme le dit encore Édouard dans son journal (p. 123), un roman du « tragique moral ». C'est ce tragique-là qui importe, ajoute Gide, après avoir cité la parole évangélique : « Si le sel perd sa saveur, avec quoi la lui rendra-t-on ? » Cette vertu quasi religieuse d'intensité nous renvoie esthétiquement au modèle du « roman pur » qui, empruntant au théâtre racinien, s'inscrit contre le roman réaliste ou psychologique traditionnel — « traverses du sort, de la fortune bonne ou mauvaise, des rapports sociaux, du conflit des passions et des caractères » pour viser à « l'essence même de l'être ». Il est vrai que la formule d'Édouard ne rend pas exactement compte du travail de Gide, qu'elle en est à la fois l'idéal, le redoublement et le contrepoint. En revanche, après la mort atroce de Boris, les dernières phrases de La Pérouse (« le diable et le Bon Dieu ne font qu'un ; ils s'entendent ») relèvent à l'évidence de ce tragique métaphysique. La cruauté supposée d'un Dieu qui joue avec ses créatures et qui sacrifie son propre fils plonge le vieux La Pérouse dans un « désespoir mystique », une douleur insupportable à contempler, impossible à décrire, et dans laquelle le romancier n'entre jamais. Nul doute que Gide ait voulu par là rappeler en écho les thèses de Nietzsche sur le tragique occidental[1], celles de William Blake[2] sur l'alliance du Ciel et de l'Enfer, ainsi que le climat paroxystique et tourmenté des grandes créations de Dostoïevski. Ces références, pour écrasantes qu'elles soient, éclairent d'une vive lumière le projet « sérieux » d'André Gide.

Mais le ludique reprend vite sa place. Avoir ainsi ménagé, en un roman de moins de quatre cents pages, la coexistence d'autant de romans ou d'ébauches de romans différents, voilà un indiscutable tour de force ! Entre le roman « sans sujet » d'Édouard, virtualité en abyme, et cette superposition de scénarios et de registres romanesques, l'écart témoigne de la maîtrise mais aussi de la force d'ironie de Gide. Je suis, semble-t-il dire, toujours là où tu ne m'attends pas, je suis déjà partout où tu peux aller. Je te précède même, j'anticipe sur ton désir, mais je ne le comble pas. À peine m'as-tu rejoint, je te quitte. Que le mobile se déplace d'un souffle, ou qu'il se transforme d'un coup chaque fois, chaque fois il indique ou il ébauche un nouveau système de sens, puis le délaisse, le défait, le suspend.

---

1. *La Naissance de la tragédie enfantée par l'esprit de la musique.*
2. *Le Mariage du Ciel et de l'Enfer.*

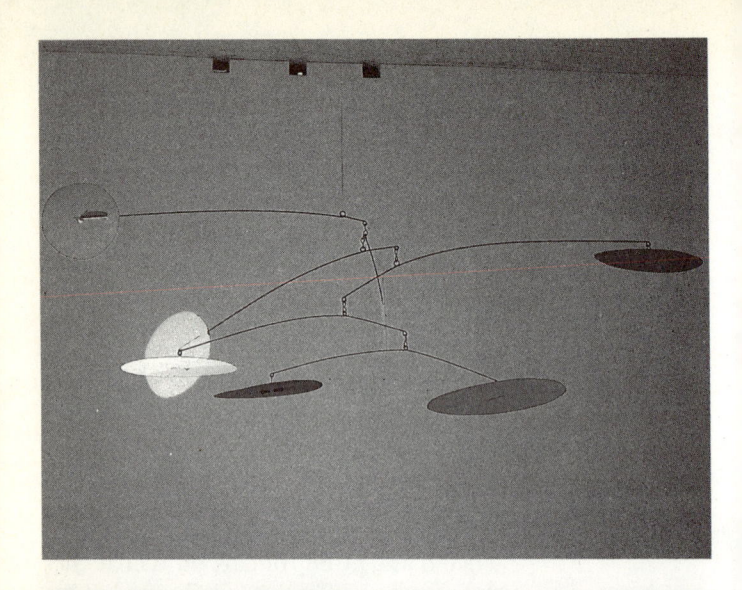

Mobile de Calder : *Trois soleils jaunes*. Collection Fondation Maeght, Saint-Paul-de-Vence.
Ph. de la Fondation © A.D.A.G.P., 1991.
« ″Pourrait être continué...″ c'est sur ces mots que je voudrais terminer
mes *Faux-Monnayeurs*. »

Marcel Duchamp : *Boîte en valise*. Musée national d'art moderne, Centre Georges-Pompidou,
Paris. Ph. du Musée © A.D.A.G.P., 1991.
« Maintenant, valise, à nous deux ! »

ROND-POINT

« Qu'est-ce donc que la *sincérité* pour Gide ? Être sincère, c'est avoir toutes les pensées, c'est leur accorder le droit d'être pour cela seul qu'on les trouve en soi, car *rien de ce qui est en nous ne doit être différé*. Et pour ne vouloir négliger aucun élément de soi-même, c'est à ses inspirations les plus malsaines que Gide soumet son esthétique » (H. Massis, article publié dans *La Revue universelle*, 1921).

Louons la perspicacité de l'adversaire qui, par-delà l'intention de nuire, désigne l'une des sources vives de l'immoralisme gidien, son souci de conciliation des contraires — détestable principe d'anarchie ! Charles Maurras, cité par Henri Massis, y voit « une de ces variétés du christianisme indépendant qui sévirent dans les déserts orientaux et dans les forêts germaniques, c'est-à-dire aux divers ronds-points de la barbarie ». C'est l'honneur de Gide, écrivain classique, d'avoir été aussi ce « métèque », vagabond oriental ou barde germanique honni par les très chrétiens chevaliers blancs de la « culture française ». (Voir le Dossier.)

SANATORIUM

Expositions à la fraîcheur. Plaids. Transats. Joues rosies. Rencontres hors du temps. Angoisse : combien de semaines encore ? Vincent et Laura hors du temps à Pau, comme autrefois Valentine Rondeaux[1] : transgression des tabous, désamarrage.

Kafka, et sa gorge blessée. Thomas Mann : *La Montagne magique*. Gide, guéri de la tuberculose par une thérapeutique toute personnelle : la brûlure du sable. Roland Barthes encore, au sanatorium quand d'autres passent l'agrégation, début d'une vocation critique. Le sanatorium, haut lieu de l'expérience littéraire de la première moitié du XXe siècle, déjà marquée pourtant, un peu ancienne, légèrement rétro, comme un paquebot de luxe sur les pentes enneigées. Aujourd'hui, on meurt au cœur des villes, dans des salles d'hôpital, sans décorum : cancer, sida.

SCANDALE

« Malheur à celui par qui le scandale arrive. Mais *il faut* que le scandale arrive. » L'aveu (même discret) de l'homosexualité, « moteur » de l'écriture des *Faux-Monnayeurs* ?

SCIENCES NATURELLES

Ramon Fernandez, dans sa pénétrante étude sur Gide[2], souligne combien, à son avis, l'attitude de l'auteur des *Faux-Monnayeurs* est celle d'un vrai savant. Il pense, par-delà l'intérêt jamais démenti de Gide pour les sciences de la nature, plantes et animaux, à son souci d'expéri-

---

1. Valentine Rondeaux, cousine (et belle-sœur) de Gide, avait rencontré au sanatorium de Pau celui qui devait devenir le père de son enfant. Gide était intervenu pour régler au mieux le divorce.

2. *Gide ou le courage de s'engager*, Klincksieck.

mentateur littéraire, incomparablement supérieur, estime-t-il, par l'attention qu'il porte à l'individuel et à l'hypothèse, à la « physique sociale » de Bourget ou aux théories de l'enracinement prônées par Maurras et Barrès. C'est que Gide est un vrai pépiniériste, qui connaît la vertu des transplantations et des greffes, de ce qu'il appelle, plus subtilement que l'étranger, l'*étrange*.

Dans le roman, ce sont les propos de Vincent sur les poissons euryhalins, capables de s'adapter à des eaux de salinité différente, et sténohalins, qui languissent et dépérissent en milieu défavorable, ainsi que sur « les appareils photogéniques des animaux des bas-fonds », qui attestent de cette préoccupation scientifique (première partie, chapitre 17). Contrepoint fugué aux thèmes développés par Lady Griffith (cette femme de la mer et du combat), et par le roman en son entier, les exemples de Vincent relient directement l'individu et l'animal. Question : et le corps social ?

SINCÉRITÉ

Ce grand thème gidien de l'adéquation de soi à soi paraît aussi dans *Les Faux-Monnayeurs*. Il y est même omniprésent. Chacun, dans *Les Faux-Monnayeurs*, doit, un jour au moins, feindre. Édouard, plus activement, manipule. Il l'avoue à son journal. D'autres le reconnaissent tout haut ; la sincérité est un leurre. Strouvilhou orchestre le thème à sa mode en filant la métaphore monétaire.

Autre révélateur privilégié, Armand reprend le thème à son tour. Pour masquer un instant de sincérité dont il a honte, il ment : « Je ne suis sincère que quand je blague » (p. 356). Le monde est une comédie, répète-t-il après bien d'autres. Et de dénoncer, à sa manière ricanante, déchirée, dans Passavant l'affectation insupportable du faiseur, dans son père le pasteur un « convaincu professionnel », un faussaire de la bonne conscience. C'est là la part satirique des *Faux-Monnayeurs* : littérature, morale, religion, toutes fausses monnaies. La sincérité est-elle même possible ? Les meilleurs en doutent : « Oh ! Laura ! s'écrie Bernard, je voudrais tout au long de ma vie, au moindre choc, rendre un son pur, probe, authentique. Presque tous les gens que j'ai connus sonnent faux. »

Mais ce thème est sous-tendu par un autre, plus personnel, plus authentique, plus gidien, en ce sens plus « sincère » : « Quoi que je dise ou fasse, toujours une partie de moi reste en arrière, qui regarde l'autre se compromettre, qui l'observe, qui se fiche d'elle et la siffle, et qui l'applaudit. » Ce dédoublement, où Gide se reconnaît, constitue un autre théâtre, intime : « Quand on est ainsi divisé, ajoute Armand à l'adresse d'Olivier, comment veux-tu qu'on soit sincère ? J'en viens même à ne plus comprendre ce que peut vouloir dire ce mot... » (p. 356). Mais là où Armand, désespéré, parade et capitule, Gide réagit, il accepte cet écart entre lui et lui, il *compose Les Faux-Monnayeurs*, fiction réelle, car réussie, d'une fiction manquée, donc irréelle. La mise en abyme, sans refuser le miroir de ce regard sur soi, dépasse, ou aménage la contradiction qu'il institue du théâtral et du sincère. Gide appelle ce jeu-là, à mi-chemin des mémoires, vite contraints à la discrétion, et du journal, si adéquat qu'il côtoie l'insignifiant, d'un terme qui désigne à la fois le mensonge et son contraire : roman.

STYLE

Certes Gide a ses tics, ses joliesses — ses facilités ? — ainsi l'antéposition presque systématique du pronom personnel complément devant un groupe verbal (exemple : « je la veux laisser couler ») ; ainsi l'usage de « point » au lieu de « pas » ; ainsi la recherche de termes rares (« mésestime », « dispos à »), ou sa prédilection appuyée pour telle expression quelque peu surannée (« il sied de »). Ce sont là élégances néo-classiques ou post-symbolistes qui appartiennent autant à l'époque qu'à l'auteur.

Mais que l'on compare aux *Faux-Monnayeurs Si le grain ne meurt* et *Dostoïevsky*, rédigés au cours des mêmes années, et on admirera combien Gide sait varier ses tonalités sans changer sa manière. Le premier de ces textes fait résonner de subtiles vibrations la pureté d'une grande prose classique ; le deuxième choisit la rigueur, un ton uni, de nettes formules ; pour le dernier, sans se départir d'une simplicité redoutable, il choisit un registre *médian* : on le sent plus accordé aux différences de préoccupations sociales, aux tendances ou aux ridicules individuels (jusqu'aux manies de langage), plus réceptif aux dissonances, aux rugosités et aux grâces soudaines de tel ou tel groupe urbain (le « style » potache, pastoral, mondain, le discours du palais ou du cénacle, le ton de la jeunesse et celui de la vieillesse, les intonations féminines ou enfantines, la proclamation anarchiste et la nuance littéraire). Ainsi, sa prose se contamine parfois de laisser-aller lycéens du type : « Olivier s'amène chez... »

Mais il y a aussi d'autres styles. L'on retrouve par moments le vibrato des *Nourritures*, mais comme allégé du lyrisme un peu insistant de cette œuvre de libération. La souplesse du rythme l'apparente au phrasé délié de l'investigation intimiste :

« Les livres que j'ai écrits jusqu'à présent me paraissent comparables à ces bassins des jardins publics, d'un contour précis, parfait peut-être, mais où l'eau captive est sans vie. À présent, je la veux laisser couler selon sa pente, tantôt rapide et tantôt lente, en des lacis que je me refuse à prévoir » (p. 322).

Ce passage confirme-t-il le jugement de R. Fernandez, qui déclare, à la fin de son étude sur le style de l'auteur des *Faux-Monnayeurs* : « La prose idéologique de Gide est la plus délicieuse peut-être de notre temps » ? (Voir le Dossier.)

SUICIDES

Les Faux-Monnayeurs comptent plusieurs suicides. Le seul qui réussit est une sorte d'assassinat, à la limite de l'acte gratuit. Il échappe à tout le monde, sauf au diable, qui y trouve sa part.

Le suicide manqué d'Olivier souligne le « côté Dostoïevski » du roman : la honte ou l'excès du bonheur le motivent. Mais la tentative de suicide de La Pérouse n'apparaît pas moins dostoïevskienne, par l'alliance qui s'y noue du grotesque, de l'étrange et du poignant.

C'est que, plus largement, le suicide fait figure pour Gide de fait divers par excellence. Tout ce qui constitue le fait divers s'y manifeste à l'extrême : le vertige du sens, la cohabitation du banal et de l'unique, la brutalité insupportable et déréalisée du réel. On sent Gide fasciné. Mais, romancier virtuose, il ne manque pas de faire de cette situation-limite un point fort de l'écriture de son roman.

En effet, le suicide tenté par Olivier le rapproche d'Édouard, alors que le « suicide » de Boris éloigne d'autant Édouard de Gide. De même qu'un premier fait divers (Bernard se procure une fausse pièce chez l'épicier) écarte Bernard d'Édouard, car, selon ses termes, cette pièce trop réelle le « gêne » (p. 190), le suicide-fait divers dernier permet à Gide de prendre définitivement ses distances avec Édouard. Ce suicide est trop peu motivé à son goût, indécent car inattendu, il ne s'en servira pas pour ses *Faux-Monnayeurs*. D'ailleurs il n'aime pas les faits divers. « Ils ont quelque chose de péremptoire, d'indéniable, de brutal, d'outrageusement réel... » (p. 376). Bref, ce sont là les motifs mêmes qui fascinent Gide, lequel saisit l'occasion de se dédouaner à bon compte en sacrifiant son lieutenant, décidément trop dégoûté par la réalité, trop velléitaire, trop peu romancier !

Cette dénégation-relégation réussie apparaît comme une ruse supérieure du roman, qui fait du refus de l'un, véritable suicide littéraire, le triomphe de l'autre. Il apparaît surtout comme une ruse du romancier, qui s'offre par là un dénouement-éclair, à la fois nécessaire, intense et énigmatique, puis esquissant un pas de côté rapide, part pour le Congo. Gide suicide son texte et son personnage comme Ghéri suicide Boris : sans remords.

TEMPS

Si l'on entend par *temps* : chronologie, *Les Faux-Monnayeurs* fournissent quelques minces données. L'action commence en été, un mercredi après-midi. Elle s'achève en novembre de la même année. La rétrospective que ménagent les carnets d'Édouard nous reconduit au 15 octobre de l'année précédente. L'« avant » du roman reste très flou, à peine quelques indications glanées de ci de là sans précisions ni continuité. L'« après » du roman est ironiquement vide : Caloub désigne-t-il l'invention du futur, ou la fatalité de la répétition ? L'éternel retour du même ressemblerait-il, par défaut, à l'incertitude toujours ouverte de l'avenir ?

Si *temps* signifie ancrage dans une époque, insertion dans l'histoire, les repères sont plus rares encore, et plus incertains. Le cours officiel de la monnaie-or, bien sûr, mais aussi telle élection de Barrès (1906?), la lecture de *L'Action française* (fondée en 1899), la fermeture au culte de la chapelle de la Sorbonne (1906), l'année de référence d'un montrachet (1904), tout cela situe l'action dans la décennie qui précède la guerre. Mais des allusions plus ou moins explicites à des formules de style Dada ou à des œuvres de Duchamp et autres surréalistes, toutes manifestations qui ne sont pas antérieures à 1917, ne s'accordent guère par exemple avec la présence de Jarry, mort en 1907 (la première d'*Ubu-roi* eut lieu en 1896, et Jarry menaça de « tuder le petit Beck » en 1897), ainsi qu'avec les repères mentionnés plus haut. La datation de Gide ne cherche pas la rigueur !

Si *temps* suggère la durée d'un récit, l'écoulement d'une histoire, rien là de plus étranger à Gide. Récusant le roman-« tapis roulant » qui entraîne le lecteur (*Journal* du 17-6-1923), il théorise au contraire dans le *Journal des Faux-Monnayeurs* le « surgissement perpétuel » : « chaque nouveau chapitre doit poser un nouveau problème, être une ouverture, une direction, une impulsion, une jetée en avant de l'esprit du lecteur » (10-4-1924). À l'intérieur même du livre, le mot d'ordre négatif (« ne jamais profiter de l'élan acquis ») vaut même pour des unités plus petites que le chapitre. Ni coulée objective, ni flux de conscience, la durée des *Faux-Monnayeurs* est morcelée, coupée toujours — même si des effets de continuité, à d'autres niveaux, personnages, thèmes, intrigues, restent repérables. Mais précisément la conjugaison d'un tel morcellement systématique et de mises en perspective sélectives implique un effort tout particulier du lecteur. Celui-ci est invité d'une part à comparer des points de vue différents sur le même événement (ainsi les querelles du couple La Pérouse, les divergences de la famille Vedel-Azaïs, l'effilochage de la maison Molinier, ou encore la conduite des adolescents vue par les adultes), les convergences et les décrochages entre le narrateur et son second, Édouard (au principe de la mise en abyme), quand il ne s'agit pas d'écarts subtils entre Gide et Gide, entre l'auteur et lui-même (un ange qui devient démon, un combat qui se fait débat), et d'autre part le lecteur est guidé par les

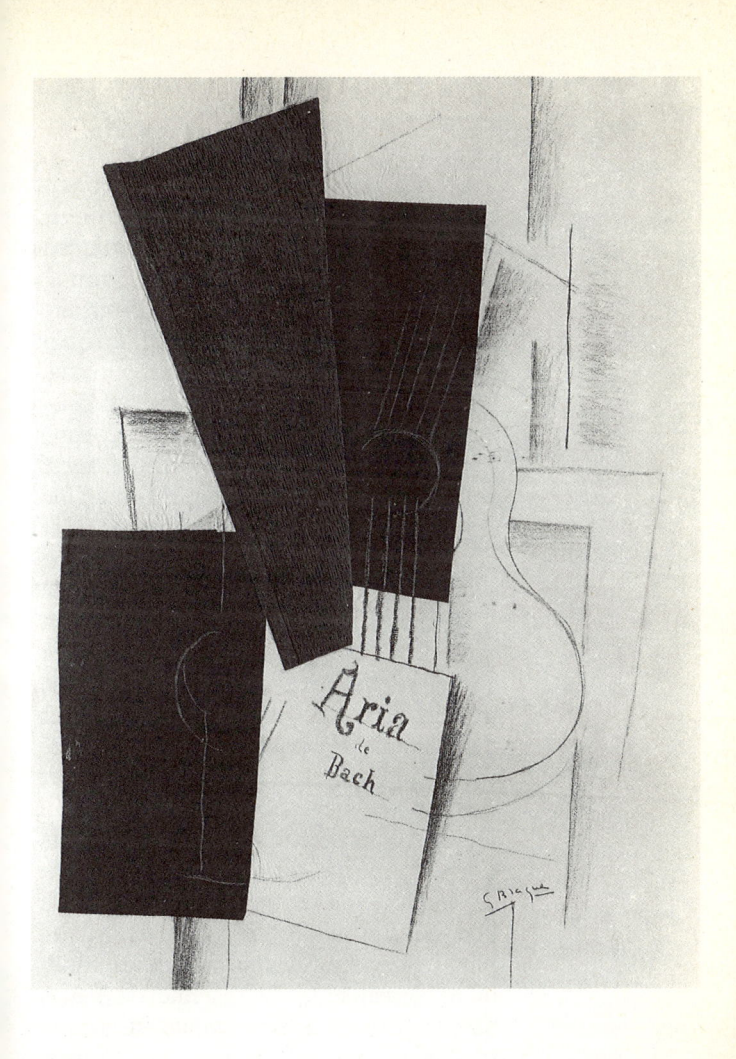

Georges Braque : *Aria de Bach*. Musée national d'art moderne, Centre Georges-Pompidou, Paris. Ph. © Lauros-Giraudon. © A.D.A.G.P., 1991.
« A quoi Sophroniska ripostait que la musique est un art mathématique... »

effets, parfois fort ambigus, de continuité narrative ou thématique. Nous sommes au plus loin du tapis roulant !

Ce qui gouverne le plus décidément la temporalité des *Faux-Monnayeurs*, c'est en dernière analyse le recours au *journal intime*. Mais comme ce journal n'est pas « pur », qu'il emprunte maint trait à l'écriture même du récit, et qu'il est intermittent, la temporalité fine, fluide, capricieuse, pointilliste et subjective du journal intime le cède souvent à une étrange durée abstraite, sorte de *mixte* entre les deux écritures. De sorte qu'on n'a pas tant affaire, dans *Les Faux-Monnayeurs*, à une technique « simultanéiste » à la manière de J. Romains ou même de Dos Passos, exposition convergente ou contrastée d'une multiplicité de points de vue (répétés ici en abyme), qu'à l'invention d'un *temps* très particulier, un « temps cubiste », celui de la lecture successive et décomposée de l'œuvre en son espace. Ou mieux, on est invité à entrer dans le *temps du mobile*, déclinaison aléatoire de segments articulés (dont les « degrés de liberté » sont à dessein très divers et des plus inattendus, et pourtant mécaniquement dépendants du système de forces de l'ensemble), autour duquel tourne le spectateur-lecteur en un ballet non moins contraint, non moins abstrait : ouverture ironique au *virtuel*.

TRAVAIL

« Brassé des nuages des heures durant. Cet effort de projeter au-dehors une création intérieure, d'objectiver le sujet (avant d'avoir à assujettir l'objet) est proprement exténuant. » (*Journal des Faux-Monnayeurs*, 1-8-1919). Le travail harassant d'André Gide, au cours des premiers mois surtout de l'élaboration des *Faux-Monnayeurs*, ne paraît en rien dans le roman, complexe et déroutant mais fluide, entièrement dévoué à la thématique souple de la circulation et de l'échange. De même la monnaie, mesure de la valeur économique et emblème du roman, n'est pas mise en rapport avec le travail social, source de cette même valeur.

Pourtant l'inscription en abyme d'un personnage de romancier, qui exerce une action sur d'autres personnages alors même qu'il rêve de réaliser son œuvre, se donne autant à lire en termes de transformation ou d'effort (donc de travail) que d'expérimentation et de représentation. Cette dialectique continuée du « sujet » et de l'« objet » occulte-t-elle, ou simplement déplace-t-elle le rapport travail-échange, ou action-représentation ? Au moins ne faut-il pas se hâter d'assimiler Gide, auteur des *Faux-Monnayeurs*, à tels de ses successeurs, théoriciens et praticiens du « travail du texte ».

VALEURS (CRISE DES)

C'est le mérite de J.-J. Goux d'avoir souligné, dans son étude sur *Les Faux-Monnayeurs*[1], que ce roman, conçu et écrit entre 1919 et 1925, témoigne de manière éclatante d'une crise générale des valeurs, philosophiques, esthétiques, éthiques, littéraires. Cette crise, latente depuis la fin du XIXe siècle, s'exprime de manière privilégiée dans les termes de l'économie politique, en l'espèce : monétaires.

Avec la fin de la guerre, en France et en Grande-Bretagne (à quelques glissements près), on entre dans l'ère de la non-convertibilité de la monnaie. En effet, selon la claire définition proposée par Charles Gide, le régime de la monnaie peut s'entendre selon quatre modes, qui scandent une « dégradation » : la monnaie-or (ou argent), dont la valeur est intrinsèque ; le papier-monnaie représentatif, dont la convertibilité est assurée ; le papier-monnaie fiduciaire, dont la garantie est lacunaire ; le papier-monnaie conventionnel, inconvertible, c'est-à-dire dont le cours, ne s'appuyant sur aucune encaisse-or, est forcé. La Première Guerre mondiale précipite en France le passage à une telle monnaie-papier inconvertible. Comme Gide le signale dans le *Journal des Faux-Monnayeurs*, l'or étant « aujourd'hui » hors la loi, il situe intentionnellement son roman dans l'immédiat avant-guerre, pendant

1. *Op. cit.*

les dernières années du règne déclinant de la monnaie-or. Le faux-monnayeur y produit encore de fausses pièces d'or — mais qu'en est-il déjà des « vraies » ? La loi de Gresham se vérifie (du moins dans les esprits !) au cours de telles périodes charnières.

Ainsi, selon J.-J. Goux, la crise de la monnaie signale une crise de confiance généralisée dans le système central de la représentation et de la garantie. À l'époque où certains vont jusqu'à proclamer la mort de Dieu, Dieu est mis généralement en cause en tant que « grand caissier de la banque centrale du sens ». La fonction archétypale de « mesure transcendante de la valeur » et la fonction de « moyen de paiement et de thésaurisation » (celle de trésor), le cèdent à la fonction de « moyen d'échange », qui réduit la pièce de monnaie à n'être qu'un jeton, un simple signe abstrait et conventionnel sans autre valeur *propre*. Ce mouvement conduit au triomphe sans partage de la monnaie scripturale. Aujourd'hui, en effet, le plus gros de la masse monétaire est constitué de petits signes abstraits sur des listings informatiques : la monnaie accomplit sa vocation fondamentale d'*écriture*.

On conçoit que cet ébranlement affecte le langage et la littérature, comme *Les Faux-Monnayeurs* le donnent systématiquement à entendre. Si le sens plein, supposé exprimer l'Être, ou, pour ce qui est du roman réaliste, renvoyer sans hiatus ni délai au réel, se fissure, se défait, se vide, on ne peut que revenir aux vieilles formules philosophiques du nominalisme. Le mot ne correspond pas naturellement et adéquatement à la chose, il la représente de manière conventionnelle et aléatoire. Les travaux, promis à un si grand retentissement, de F. de Saussure (ses cours, professés au tournant du siècle à Genève) font, dans cet esprit, de la langue un *système relationnel et différentiel*, une *structure* dont les éléments, les signes, sont dotés d'une « valeur » (résultant des relations qu'ils entretiennent) avant d'avoir un « sens » (conçu comme la relation, « interne » au signe, et parfaitement « arbitraire », d'un signifiant et d'un signifié). Il est remarquable que Saussure compare la structure d'une langue à la combinatoire abstraite d'un jeu d'échec.

À la même époque, Mallarmé, le maître des années de formation d'André Gide, s'efforce de dégager de l' « universel reportage » — le langage courant, voué à un pur échange instrumental — l'Idée, l'or pur de l'idée, que les seuls poètes, nouveaux alchimistes, sont susceptibles d'extraire au terme de leur ascèse. Le jeune A. Gide acquiesce d'abord à cette haute tentation idéaliste. Dans *Le Traité du Narcisse* (1892), il évoque pour sa part l'archétype de cristal, forme divine et éternelle, que le poète s'efforce de retrouver et de recomposer en chaque chose. Ce nouveau platonisme le cède, à l'époque des *Faux-Monnayeurs*, à une conception bien plus proche de celle de Saussure, évoquant plus directement la crise ouverte de la convertibilité : « Le roman doit prouver à présent qu'il peut être autre chose qu'un miroir promené le long du chemin — qu'il peut être supérieur et *a priori* — c'est-à-dire déduit, c'est-à-dire composé, c'est-à-dire œuvre d'art. » Déjà André Walter affirmait que le roman est « théorème ». Point de vue plus kantien, si l'on veut, et proche du Bach de l'*Art de la fugue*, mais aussi analogue aux recherches de Kandinski (lui-même plus hegelien), théorisant son passage à une peinture dégagée du souci figuratif. Roman de la structure que *Les Faux-Monnayeurs*, mais plus encore sans doute, de par sa préoccupation *éthique*, paradoxalement roman ludique, roman cubiste, jeu avec la structure décomposée dans l'espace. C'est que, jouant de l'ambiguïté qui recouvre d'une mince pellicule d'or le cristal de la fausse pièce de vingt francs, le diable, maître de la morale gidienne, ne manque pas, à côté d'un Dieu bien silencieux, de revendiquer sa part.

VALEUR-OR

Dire de la fausse pièce de monnaie qu'elle a la transparence du cristal voilé par une mince couche d'or (qui s'efface à l'usage), c'est signaler, suggère J.-J. Goux[1], que le conflit interne à

---

1. *Op. cit.*

Bernard (et à Gide) entre le « fait » et l'« idée » est le signe de la fausseté monétaire, le cristal des abstractions mortelles, pâles et vides (qui relèvent d'une sensibilité protestante « iconoclaste ») n'étant recouvert que par un faux-semblant (par une pseudo-image, une pseudo-couleur).

Montrer en Bernard, après le moment de la révolte (première partie), celui du retour à l'ordre sous l'influence de la femme aimée, Laura (deuxième partie, chapitre 4), c'est indiquer, ajoute J.-J. Goux, combien la série : langage, paternité, État, moi (sujet) est emportée dans le même mouvement de remise en cause de la valeur. En effet, le jeune bachelier, encore engoncé dans un cartésianisme d'emprunt, recherche une langue sienne, adéquate, il reconnaît la valeur paternelle — non plus simplement celle du géniteur « naturel » — et revendique à nouveau son nom, il comprend la signification pleine et collective de l'État, et surtout il souhaite, en une métaphore monétaire significative, atteindre une authenticité, une « probité » telle qu'en toute occasion il puisse rendre « un son pur », loin des faux-semblants, du paraître et de l'affectation. Bernard, à l'évidence, tente de revenir à la valeur-or.

En fait, en la personne de Bernard le lecteur est invité à lire l'une des attitudes possibles face au faux-monnayage. Les autres sont celle de Strouvilhou, partisan d'un rapide et brutal « nettoyage » (une « dévaluation »); celle de Passavant, qui habille de clinquants oripeaux (inflationnistes) le goût le plus moutonnier du public; et celle d'Édouard, dévoué à sa vérité intime mais incapable de dégager, sous le règne de la valeur d'échange, d'autres significations que conventionnelles et abstraites. Et Gide? Gide se tient, énigmatique, au centre de ce dispositif tournant. Ou plutôt, décalé, hors du texte, il établit au centre du système romanesque la quasi-présence (simple point d'appui, en rien origine de la valeur) de son lieutenant Édouard, lequel donc se trouve par là — c'est l'ellipse — en position de second centre, déléguant lui-même à l'écrivain de « ses » *Faux-Monnayeurs* le rôle de substitut du substitut, de nouveau centre décentré, et cela à l'infini — c'est l'abyme.

Notons que si Bernard et Édouard sont proches par leur attachement aux valeurs d'authenticité, par opposition à Passavant et Strouvilhou, qui cultivent l'inauthentique (la fausse monnaie), en revanche, Bernard et Strouvilhou s'opposent à Édouard et Passavant en ce qu'ils affirment l'existence d'une valeur transcendante, la valeur-or (le premier tente de la retrouver, le second de la détruire), alors que les deux romanciers doutent, chacun à sa manière, de cette existence même, persuadés qu'ils sont de la nature conventionnelle de l'équivalent général. Autrement dit l'économie politique (ici le jeu de l'échange des jetons inconvertibles) est devenue selon eux (et selon Gide ?) l'esthétique du monde moderne. Mais quelle éthique en déduire ?

Gide romancier adopte une position intermédiaire, mais résolument du côté du moderne : faute d'une perspective centrale, il multiplie les points de vue ; faute d'une garantie indiscutable et transcendante du sens, il ouvre les significations ; il les relativise, il s'en joue, il exhibe la représentation du travail du romancier (mais ne théorise pas pour autant le « travail du texte »), et met en valeur la genèse de l'œuvre. La structure, en son immanence, n'est-elle pas ce dont on peut jouer, ce qu'on peut construire, ce qu'on doit édifier pour déjouer l'absence de référence univoque et sûre au réel ?

Pourtant, l'écriture du roman, pour Gide, n'est pas davantage un pur jeu qu'elle n'est un pur travail : elle est un dispositif spéculaire — représentation de représentation permettant à chacun d'inventer sa place dans le monde abstrait de l'échange généralisé.

VALISE

Dans la valise d'Édouard que Bernard indiscrètement subtilise, on trouve de l'argent, un costume, au moyen desquels le fugueur pourra faire bonne figure, et un carnet : journal intime, journal d'écri-

Georges Braque : *Nature morte Bach*. Musée national d'art moderne, Centre
Georges-Pompidou, Paris. Ph. © Lauros-Giraudon. © A.D.A.G.P., 1991.
« Ce que je voudrais faire, comprenez-moi, c'est quelque chose qui serait comme *L'Art de la fugue.* »

vain. Ce bagage, qu'Édouard n'a pu ou voulu fermer, passe donc de main en main, s'ouvre au public.

Contre l'attention proche et subtile du journal, et contre la disponibilité à ce temps qui en nous change et perdure, le roman-gigogne impose ainsi une lecture *extravertie* et *désorientée* : à la fois ouverte, et à double fond. Le mouvement de l'étude et du perfectionnement intimes (intime, nous rappelle Pierre Pachet[1], vient d'*intimus,* le superlatif d'*interior,* soit ce qui, en nous, du plus intérieur est le plus intérieur) ce mouvement intime est accompli et contrarié par le geste public de la fiction.

À ce prix sans doute l'écrivain s'efforce de sortir de soi, tente de se communiquer, sinon au monde, du moins aux autres et, non sans ironie parodique, de les aborder de front : « Maintenant, valise, à nous deux[2] ! » (p. 85). Pour moi, cet autre, lecteur invité avec Bernard à penser que le moment est venu de croire à mon larcin autant qu'à mon étoile, une surprise toujours m'attend. J'ouvre la valise. J'empoche la vraie, ou fausse, monnaie (ce sont de modernes billets de banque, parfaitement inconvertibles), je me saisis du carnet intime et tourne la première page. Mon cœur bat, car l'auteur ne m'est pas inconnu. C'est un intime ami d'Édouard. Quelle chance ! Depuis longtemps, je suis si curieux de connaître Caloub !

---

1. *Les Baromètres de l'âme. Naissance du journal intime,* Hatier.

2. On reconnaît la formule lancée par Rastignac à Paris étendu à ses pieds, à la fin du *Père Goriot* de Balzac.

DOSSIER

ÉLÉMENTS BIOGRAPHIQUES

1869   22 novembre : naissance à Paris d'André Gide, fils de Paul Gide, professeur à la Faculté de Droit, né en 1832 à Uzès d'une famille protestante, frère de l'économiste Charles Gide, et de Juliette Rondeaux, née à Rouen, d'une famille appartenant à la riche bourgeoisie d'affaires convertie au protestantisme depuis le début du XIXe siècle.

1877   Il entre à l'École alsacienne, en neuvième, dans la classe de M. Vedel. Il est renvoyé pendant trois mois (« mauvaises habitudes »), puis, « menacé » d'une opération, tombe malade.

1880   Paul Gide meurt de la tuberculose. Crises d'angoisse.

1881   Externe à Montpellier, il subit les brimades de ses camarades. Crises nerveuses.

1882   Il découvre la souffrance de sa cousine Madeleine (née en 1867), due à l' « inconduite » de sa mère Mathilde.

1883   Demi-pensionnaire à Paris, chez M. Henri Bauër. Lectures de Hugo, Richepin, Rollinat, Amiel. Commence à tenir son journal.

1884   Mort d'Anne Shackleton, qui vivait avec Gide et sa mère.

1885   Lectures mystiques.

1886   Leçons de piano (Gide en prend depuis 1875) avec M. de la Nux. (« J'avais pour lui une sorte de vénération, d'affection respectueuse et craintive, semblable à celle que je ressentis un peu plus tard auprès de Mallarmé, et que je n'éprouvai jamais que pour eux deux. »)

1887 Il rentre à l'École alsacienne et y rencontre Pierre Louÿs. Lit Heine et Goethe.

1888 Classe de philosophie au lycée Henri IV. Il rencontre Léon Blum, passe son baccalauréat seul et décide d'arrêter ses études pour écrire. Lit Schopenhauer. Désire épouser Madeleine.

1890 Rédige *Les Cahiers d'André Walter*. Rencontre Paul Valéry.

1891 Publication des *Cahiers*. Madeleine refuse le mariage. Gide rencontre Mallarmé et devient un de ses habitués aux « mardis de la rue de Rome ». Rencontre Barrès, Oscar Wilde.

1892 *Poésies d'André Walter*.

1893 Rencontre Francis Jammes. *La Tentative amoureuse. Le Voyage d'Urien*. Voyage en Afrique du Nord. Première expérience homosexuelle.

1895 *Paludes,* 31 mai : mort de Juliette Gide. 17 juin : fiançailles avec Madeleine. 7 octobre : mariage à Cuverville. Voyage de noces en Suisse, Italie, Afrique du Nord.

1897 Se lie avec Henri Ghéon. *Les Nourritures terrestres*.

1898 Lecture de Nietzsche et de Dostoïevski.

1899 *Le Prométhée mal enchaîné, Philoctète, El Hadj*. Début de la correspondance avec Claudel.

1901 *Le Roi Candaule*.

1902 *L'Immoraliste*.

1903 *Saül, Prétexte*. Rencontre Jacques Copeau.

1905 Lecture assidue de Stendhal et Montaigne.

1906 *Amyntas*. Crises nerveuses.

1907	*Le Retour de l'enfant prodigue.*
1909	Premier numéro de la *Nouvelle Revue française*. *La Porte étroite*.
1911	*Isabelle*. *Corydon* (douze exemplaires). Traduit des fragments des *Cahiers de Malte Laurids Brigge,* de R.M. Rilke.
1912	Juré à la cour d'assises de Rouen.
1913	Rencontre Roger Martin du Gard.
1914	*Les Caves du Vatican*. S'occupe du Foyer franco-belge pendant la guerre.
1916	Crise religieuse. *Numquid et tu?...* Début de la liaison avec Marc Allégret. Sympathie pour l'Action française.
1917	Voyage en Suisse avec Marc Allégret.
1918	Reprend *Corydon*. Voyage en Angleterre avec Marc. Madeleine détruit toutes ses lettres. Crise. Traduit *Typhon* de Conrad.
1919	Publie *La Symphonie pastorale*. Commence à écrire *Les Faux-Monnayeurs*.
1920	Édition remaniée de *Corydon*. Publie *Si le grain ne meurt* en treize exemplaires.
1921	*Morceaux choisis* (en exergue : « Les extrêmes me touchent »). Première campagne de l'extrême droite intellectuelle (H. Béraud et H. Massis) contre Gide (« La nature a horreur du Gide »). Rencontre Marcel Proust.
1922	Découvre William Blake. Conférences sur Dostoïevski. Lecture de Freud. Traduction du premier acte de *Hamlet*. Traduit *Amal et la lettre du roi* de R. Tagore.
1923	Séjour en Italie avec Élisabeth van Rysselberghe. Leur fille Catherine naît le 18 avril. La naissance est cachée à Madeleine. Jacques Maritain adjure Gide de ne pas

	publier *Corydon*. Traduit *Le Mariage du ciel et de l'enfer* de Blake et publie *Dostoïevsky*.
1924	*Incidences. Corydon* (édition courante). Attaques de Béraud, Massis, H. de Régnier, R. de Gourmont.
1925	8 juin : termine *Les Faux-Monnayeurs*. Départ pour le Congo en compagnie de Marc Allégret. Chargé par le gouvernement d'une enquête sur les grandes concessions forestières.
1926	Publication des *Faux-Monnayeurs. Journal des Faux-Monnayeurs. Si le grain ne meurt.*
1927	*Voyage au Congo.*
1928	*Retour du Tchad.*
1929	*L'École des femmes. Essai sur Montaigne.* Fréquente Malraux et Green.
1930	*Robert. La Séquestrée de Poitiers. L'Affaire Redureau. Œdipe.* Se rapproche des communistes. Nombreux voyages.
1931	Première version des *Notes sur Chopin*.
1932	*Journal* (des pages dans la *NRF*). Pitoëff crée *Œdipe*. Gide soutient la politique de Staline.
1933	Publication des *Caves du Vatican* dans *L'Humanité*.
1934	Voyage à Berlin pour demander à Goebbels la libération de Dimitrov. Se joint au Comité de vigilance des intellectuels antifascistes.
1935	*Nouvelles Nourritures.*
1936	Voyage en URSS avec P. Herbart, L. Guilloux, J. Last, E. Dabit et J. Schiffrin. *Discours pour les funérailles de Maxime Gorki* prononcé sur la place Rouge. Au retour publie *Geneviève* et *Retour de l'URSS*.
1937	*Retouches à mon retour de l'URSS*. Rupture avec le communisme.

1938	Mort de Madeleine. André Gide commence à écrire *Et nunc manet in te*.
1939	*Journal (1889-1939)*.
1940	Hésitations envers le pétainisme. Publie ses *Feuillets* dans la *NRF* dirigée par Drieu La Rochelle. Lecture assidue de Kafka, Nietzsche.
1941	Rupture avec la *NRF*. Empêché de prononcer une conférence. *Découvrons Henri Michaux. Interviews imaginaires* pour *Le Figaro*.
1942	Départ pour la Tunisie. Reprend sa traduction de *Hamlet*.
1943	Alger.
1944	*Pages de journal 1939-1942*.
1945	Voyages.
1946	*Thésée*.
1947	Lit Sartre. Prix Nobel de littérature.
1948	*Préfaces et rencontres. Notes sur Chopin*.
1949	*Anthologie de la poésie française. Feuillets d'automne*. Point final au *Journal*.
1950	*Journal (1942-1949)*. Marc Allégret tourne un film, *Avec André Gide*.
1951	19 février : meurt d'une congestion pulmonaire.

I. ÉLABORATION DES *FAUX-MONNAYEURS*

La dernière partie du *Journal des Faux-Monnayeurs* comprend des extraits de presse relatant les faits divers qui ont été à l'origine de l'« idée » du roman, ainsi que des « Pages du Journal de Lafcadio », suivies d'un dialogue intitulé « Identification du démon ». On voudra bien se reporter à ces passages importants dont nous ne reproduirons ici que les deux premiers.

Figaro, 16 septembre 1906.

Voici quelle était leur manière de procéder :

Les pièces fausses étaient fabriquées en Espagne, introduites en France et apportées par trois repris de justice : Djl, Monnet et Tornet. Elles étaient remises aux entrepositaires Fichat, Micornet et Armanet et vendues par ceux-ci à raison de 2 fr. 50 pièce, aux jeunes gens chargés de les écouler.

Ceux-ci étaient des bohèmes, étudiants de deuxième année, journalistes sans emploi, artistes, romanciers, etc. Mais il y avait aussi un certain nombre de jeunes élèves de l'École des Beaux-Arts, quelques fils de fonctionnaires, le fils d'un magistrat de province et un employé auxiliaire au ministère des Finances.

. . . .

Si pour quelques-uns ce commerce criminel était le moyen de mener « grande vie » que ne leur permettait pas la pension paternelle, pour d'autres — du moins à leur dire — c'était une

André Gide, *Le journal des Faux-Monnayeurs*, Gallimard, 1927.

œuvre humanitaire : — J'en cédais quelquefois quelques-unes à de pauvres diables peu fortunés que cela aidait à faire vivre leur famille... Et on ne faisait de tort à personne puisqu'on ne volait que l'État.

Journal de Rouen, du 5 juin 1909.
SUICIDE D'UN LYCÉEN. — Nous avons signalé le suicide dramatique du jeune Nény, âgé de quinze ans à peine, qui, au lycée Blaise-Pascal, à Clermont-Ferrand, en pleine classe, s'est fait sauter la cervelle d'un coup de revolver.

Le *Journal des Débats* reçoit, de Clermont-Ferrand, les étranges renseignements que voici :

Qu'un pauvre enfant, élevé dans une famille où se passent des scènes si violentes que souvent — et la veille même de sa mort — il a été obligé d'aller coucher chez des voisins, ait été amené à l'idée du suicide, c'est douloureux, mais admissible ; que la lecture assidue et non contrôlée des philosophes pessimistes allemands l'ait conduit à un mysticisme de mauvais aloi, « sa religion à lui » comme il disait, on peut encore l'admettre. Mais qu'il y ait eu, dans ce lycée d'une grande ville, une association malfaisante de quelques gamins pour se pousser mutuellement au suicide, c'est monstrueux et c'est malheureusement ce qu'il faut constater.

On dit qu'il y aurait eu un tirage au sort entre trois élèves, pour savoir qui se tuerait le premier. Ce qui est certain, c'est que les deux complices du malheureux Nény l'ont pour ainsi dire forcé, en l'accusant de lâcheté, à mettre fin à ses jours ; c'est que, la veille, ils lui ont fait faire la répétition et la mise en scène de cet acte odieux ; la place où il devait, le lendemain, se brûler la cervelle, a été marquée à la craie sur le sol. Un jeune élève étant entré à ce moment, a vu cette répétition : il a été jeté à la porte par les trois malfaiteurs avec cette menace : « Toi, tu en sais trop long, tu disparaîtras » — et il y avait, paraît-il, une liste de ceux qui devaient disparaître.

Ce qui est certain encore, c'est que, dix minutes avant la scène finale, le voisin de Nény emprunta une montre à un élève et dit à Nény : « Tu sais que tu dois te tuer à trois heures vingt minutes ; tu n'as plus que dix — que cinq — que deux minutes ! » À l'heure juste le malheureux se leva, se plaça à l'endroit marqué à la craie, sortit son revolver et s'en tira un coup dans la tempe droite. Ce qui est vrai encore c'est que, lorsqu'il tomba, un des conjurés eut l'horrible sang-froid de se jeter sur le revolver et de le faire disparaître. On ne l'a pas retrouvé encore. À quoi le destine-t-on ? Tout cela est atroce : l'émotion chez les parents des élèves est à son comble : cela se conçoit !

Un chercheur brésilien, S. Santiago, a retrouvé quelques feuillets d'un manuscrit des *Faux-Monnayeurs*. Déposé à la *British Library*, ce document est connu sous le nom de « manuscrit de Londres ». N. David Keypour l'a édité en 1990. Dans son introduction, il signale notamment les hésitations et les variations sur les noms des personnages. Ces variantes sont liées à la « mise au point » des personnages eux-mêmes. Dans les passages cités des manuscrits, on notera la présence, dès le deuxième chapitre (de la future première partie) d'une jeune Hollandaise plantureuse et libérée qui, au terme de bien des transformations, deviendra la très polonaise et diaphane Bronja de la deuxième partie !

Remaniements, mais aussi élagages considérables : d'abord effort de précisions « réalistes », d'épaississement des traits, puis éliminations, effacements, épuration. Ainsi procède ici l'œuvre gidienne en son élaboration...

INTRODUCTION

Quelques remarques s'imposent à propos des noms propres. Les noms de Bernard et d'Olivier sont les seuls qui ont été écrits sans aucune hésitation.

— Oscar Molinier n'est jamais signalé que par la lettre Y. Le vieil ami de Profitendieu est également signalé par cette lettre ; mais Gide n'a pas eu à dissiper cette ambiguïté puisque l'épisode où il apparaît a été supprimé.

— Profitendieu, d'abord signalé par la lettre X, est nommé au cours de la rédaction (au feuillet 4, il est signalé par son initiale P, puis au feuillet 9, par son prénom Albéric suivi de l'initiale P., puis de nouveau par la lettre X). Il semble que l'auteur en relisant son texte ait superposé « Profitendieu » à X dans les quatre premiers feuillets seulement.

— Le serviteur des Profitendieu est nommé Ferdinand dans le feuillet 7 A ; il est nommé Antoine partout ailleurs.

— Caloub : un espace blanc est laissé à la place de son nom dans la lettre de Bernard (feuillet 8 A). Au feuillet 10, une lettre (initiale ?) ajoutée à côté de « le petit » a été biffée au point d'être illisible. Il est nommé pour la première fois au feuillet 14 où son nom hésite entre Calou et Caloub, puis signalé par l'initiale T au feuillet 19 ; enfin nommé Toubib au feuillet 21.

David Keypour, *Un fragment des Faux-Monnayeurs : le manuscrit de Londres*, Lyon, Centre d'Études Gidiennes, 1990.

320. Corse — SPELONCATO (Balagne)

Village corse. Carte postale. Coll. particulière. Ph. Archives Jean-Loup Charmet.
« Nous avons commencé par nous installer dans une auberge, non loin de l'admirable baie de Porto... »

La chapelle de la Sorbonne. Ph. Archives Jean-Loup Charmet.
« Olivier se hâte vers la Sorbonne. C'est ce matin que Bernard doit passer l'écrit. »

177

— *Charles : une courte ligne en points occupe la place de son nom au feuillet 10 ; mais Charles est immédiatement substitué à « son fils » dès le feuillet 11.*

— *Marguerite : son nom ne subit aucune variation ; mais par deux fois, l'auteur le barre et y substitue « son épouse » et « elle » au feuillet 9 et au début du feuillet 10, avant de l'utiliser vers la fin de ce même feuillet.*

— *Cécile : est nommée d'abord Julie, à quoi se substitue immédiatement Blanche au feuillet 9. Sa mère l'appelle aussi Blanchette.*

— *La jeune Hollandaise : en la présentant, Mme Profitendieu hésite entre Mademoiselle Floup Van den Brooden et Bronia pour s'arrêter à Freyda (feuillet 12). Pourtant on l'appellera de nouveau Bronia dès la fin du même feuillet, et enfin Hilda du feuillet 15 au 19.*

— *Vincent : est évoqué sous le nom d'Étienne.*

— *Dhurmer : est nommé d'abord Lévy au chapitre III (feuillet 25), ce nom est immédiatement remplacé par « Dhurmer ».*

— *Guy : au feuillet 22 A, « la sœur » s'adresse au « frère aîné » en le nommant Guy.*

— *Georges : est nommé d'abord Jacques.*

— *La phrase musicale que Cécile répète sur son piano provient d'une « barcarolle de Fauré », le nom du compositeur a été supprimé dans la version définitive. De même, dans le manuscrit, Caloub lit « un livre de Conan Doyle » au lieu d'un « livre d'aventures ».*

/	Commencement d'un feuillet[1].
[ ]	lettres, mots ou phrases biffés.
< >	lettres, mots ou phrases ajoutés.
{ }	ajouts, généralement assez longs, dans la marge ou au dos d'un feuillet.

[1]. Ces signes typographiques permettent la lecture des étapes complexes de la rédaction (ajouts, biffures, renvois, etc).

{< >} ajouts finalement biffés.
<{ |> mots biffés mais finalement maintenus.
[?] à la place d'un mot biffé illisible.
(?) devant la lecture douteuse d'un mot.
Les mots ou groupes de mots transférés par un signe de renvoi ont été traités comme des ratures et des ajouts.

EXTRAIT DU MANUSCRIT

— Oh ! les parents, fait Hilda, avec une moue que Blanche trouve extrêmement vulgaire. Vous savez : je ne peux pas dire que j'aie jamais été très éprise de ma famille. Je préfère celle que je me suis faite là-bas...

Y [regarde] <se tourne vers> Hilda avec une nuance d'inquiétude. [Se pourrait-il...] [Un instant il [imagine] <regarde> cette gorge si pleine : Se pourrait-il que ce sein ferme eût allaité ?] Mais comme pour le rassurer, déjà Hilda continue :

— [Oui,] Vous n'imaginez pas quels bons amis j'ai laissés là-bas : femmes, hommes, petits enfants...

Mais Y reprend, comme faisant un retour sur lui-même, et avec une voix presque émue, qu'on ne lui connaissait pas :

— Il me semble [que] <qu'au> bout de quelque temps cela doit devenir bien pénible, de [tout le temps] côtoyer <sans cesse> le bonheur des autres et de n'en connaître soi-même que ce qu'ils veulent bien vous en prêter...

[Mais cette réflexion fait bondir Hilda. [C'est] <Elle n'admet pas qu'il en soit ainsi.>

— Vous ne pouvez pas comprendre, ici, avec vos familles fermées, ce que peut être la vie de famille là-bas — s'écrie-t-elle [avec une chaleur qui] <si fougueusement que> décidément fait

<Y> supposer qu'elle a dû laisser là-bas quelque enfant naturel —]

Cette réflexion fait bondir Hilda. Elle proteste :
— Côtoyer ! Où prenez-vous que j'ai « côtoyé » ? — Je suis entrée, entrée profondément dans la vie de ces gens, comme ils sont entrés profondément dans la mienne. Leur bonheur a été le mien ; il ne s'est pas agi là de prêt, mais de don. Je me suis attachée à certains d'entre eux comme encore je ne m'étais attachée à personne, et je n'aurais pas pu me décider à les quitter, ni les décider à me laisser partir [si ce n'est] sans l'assurance d'un prompt retour.

Elle parle avec une telle véhémence que X se sent pris de vertige.

— Vous ne pouvez comprendre cela, ici où les familles sont si fermées, [et] les sentiments de famille si étroits, si exclusifs... Une famille, là-bas, c'est un groupement, une libre association de gens qui s'entendent et qui s'aiment — sans grand souci des liens du sang.

— Pourtant, les enfants ?... hasarde craintivement le célibataire. Mais sur sa timide objection Hilda rebondit de plus belle :
— Précisément : ils adoptent les enfants les uns des autres.

FEUILLET 18

Non, vous croyez /18/ vraiment qu'il est nécessaire qu'un enfant soit de son propre sang pour qu'on s'attache à lui, pour qu'on l'aime... ? Là-bas, dans presque chaque famille, sur cinq enfants, ou quatre, il y en a un qui n'est pas le frère des autres. Et le plus étonnant, le plus admirable, c'est que, presque toujours, c'est celui-là le préféré...

Elle s'arrête brusquement. M. X s'est levé. Il est très pâle. Il tient gauchement sa serviette d'une main et de l'autre s'appuie au dossier de sa chaise.

— Mes amis, [dit-] [déclare-t-] <dit-> il d'une voix étranglée — excusez-moi de vous laisser. Je ne me sens pas très à mon aise. Continuez le repas sans moi... Ce n'est rien...

Entre autres recherches, Alain Goulet s'est attaché à l'analyse des noms des personnages des *Faux-Monnayeurs*. Qu'en est-il du couple « père-fils » Albéric-Bernard Profitendieu, ainsi que du jeune Caloub?

Pour justifier le prénom de Bernard, il faut savoir qu'il est le fils putatif d'Albéric (Profitendieu), ces deux prénoms s'expliquant l'un par l'autre pour peu que l'on se reporte à leur référence historique qui forme un modèle de leurs relations dans ce roman. Incidemment, nous y surprendrons une première indication sur leur nom de famille, car Albéric et Bernard (le Saint) ont su « profiter en Dieu ».

Au début du XIIe siècle, Albéric est sous-prieur au monastère de Cluny, de l'ordre de saint Benoît, dont les mœurs sont alors fort relâchées. Pour restaurer l'ancienne discipline, il se fait le champion du Pape (le Père, cf. les *Caves*), et fort de cet appui, sera l'initiateur de la réforme dite cistercienne qu'il poursuivra en tant qu'abbé de Vézelay. Voilà qui prélude à la fonction de juge d'instruction, chargé de réprimer une affaire de mœurs et de trafic de fausse monnaie. Au même moment Bernard, voulant se faire religieux, choisit égale-

Alain Goulet, *Lire Les Faux-Monnayeurs*, p. 9-28 in *André Gide 5* : « Sur *Les Faux-Monnayeurs* », Paris, Lettres Modernes, 1975, coll. « La revue des lettres modernes » 439-444.

ment l'ordre de saint Benoît, mais entre dans la très austère abbaye de Cîteaux qui vient d'être fondée précisément contre le relâchement de la congrégation de Cluny. Ainsi tous deux s'ignorent initialement, poursuivant chacun de leur côté leur mission réformatrice, le premier à l'intérieur de la maison mère (traduisons : la cellule familiale), l'autre à côté d'elle. La voie de Bernard, loin d'être celle de la facilité, le mène à se faire le champion de l'austérité, du mysticisme et de la vie contemplative. Le caractère de notre héros Bernard s'en trouve marqué, intransigeant, épris de rigueur et de pureté, amoureux quasi mystique de Laura, et soulevé d'enthousiasme par son ascension de l'Hallalin : « [...] quand on est là-haut, qu'on a perdu de vue toute culture, toute végétation, tout ce qui rappelle l'avarice et la sottise des hommes, on a envie de chanter, de rire, de pleurer, de voler, de piquer une tête en plein ciel ou de se jeter à genoux. » [II, I ; 1069]. Toutefois cette opposition par abbayes interposées ne sera pas définitive puisque, de 1145 à 1147, Albéric et saint Bernard s'unissent d'abord pour combattre les hérétiques « henriciens », puis pour prêcher avec grand succès la deuxième croisade. De fait, la réconciliation se trouve réalisée au terme de notre œuvre, et de là on peut rêver sur leur alliance pour combattre toutes les formes de fausse monnaie du monde. Mais le roman reste par nature critique et nous épargne l'apologie d'une croisade.

Profitendieu, tel est le nom que Bernard refuse initialement, jusqu'au jour où, voulant déterminer une raison de vivre, il est amené à lutter avec l'ange : « Et toute cette nuit, jusqu'au petit matin, ils luttèrent. [...] Tous deux luttèrent jusqu'à l'aube. L'ange se retira sans qu'aucun des deux fût vainqueur » [III, XIII ; 1212]. Ce qui ne veut pas dire qu'il n'y ait pas eu de suite. Aussitôt après, Bernard rencontre Rachel, ce qui le détermine à abandonner Sarah (= fin de l'intermède Sarah-Bernard(t)!), la pension Vedel et, à plus longue échéance, à retrouver son père dont il accepte alors le nom de Profitendieu. Voilà qui n'est pas sans faire référence à la lutte de Jacob avec l'ange : « Alors un homme lutta avec lui jusqu'au lever de l'aurore. Voyant qu'il ne pouvait vaincre Jacob, cet homme le toucha à l'articulation de la hanche ; et la hanche de Jacob fut démise pendant qu'il luttait avec lui. Alors cet homme lui dit : " Laisse-moi aller ; car l'aurore se lève. " Jacob répondit : " Je ne te laisserai point aller, que tu ne m'aies béni. " L'homme lui demanda : " Quel est ton nom ? — Jacob ", répondit-il. L'homme reprit : " Ton nom ne sera plus Jacob, mais Israël ; car tu as lutté avec Dieu et avec les hommes, et tu as vaincu " » (Gn XXXII, 24-28). Ainsi s'explique le nom de « Profitendieu », version quelque peu parodique d'Israël (= qui lutte avec Dieu). Cette lutte de Jacob précède immédiatement sa réconciliation avec son frère Ésaü qu'il avait frustré de son droit d'aînesse et de la bénédiction paternelle, réconciliation qui s'accomplit avec l'intercession de ses deux femmes : Léa (voir le rôle capital de Laura) et Rachel ! Pour la Genèse comme pour Gide, le salut appartient à l'individu qui ose braver la loi des hommes, pourvu qu'il demeure fidèle à lui-même et à son idéal.

Est-ce à dire que le roman se clôt sur cette réconciliation ? Non, car reste le mystérieux Caloub. Pourquoi avoir inventé ce nom curieux, sinon pour subvertir le roman dans ses marges ? Un premier sens dénotatif est inscrit dans les précisions qui accompagnent sa première mention, dès la troisième phrase du texte : il est l'anagramme de « boucla ». Son être de prisonnier est exposé avec redondance : « [...] une pension le bouclait au sortir du lycée chaque jour » [933] ; il est le représentant ultime de l'aliénation sociale.

Pour d'autres personnages, leur figure et leur nom sont apparus très tôt, bien avant que ne commence la rédaction du roman. Ainsi, dans le *Journal*, le très vénéré professeur de piano de Gide, Marc de la Nux, et sa femme, sont présents dès 1902, mais *déjà* sous le nom « romanesque » de La Pérouse — alors que leur petit-fils Pierre, secrétaire et ami de Gide, est désigné par son nom. Il faut dire que « le pauvre père La Pérouse » fascine Gide, qui, tel Édouard dans *Les Faux-Monnayeurs*, lui rend de nombreuses visites, relatées avec un luxe particulier de détails. L'intérêt de Gide pour la *décristallisation* et le naufrage de l'âge n'ont pas attendu les années 1920.
On a choisi, parmi beaucoup d'autres, un passage daté du 1ᵉʳ juillet 1914.

Après dîner, mon mal de tête s'est dissipé. J'ai été voir le pauvre père La Pérouse. À 8 heures il n'était pas encore rentré. Il se trouvait que c'était précisément l'anniversaire de sa femme, qui m'a reçu au milieu de ses bouquets de fleurs. J'avais déjà fait une visite assez longue quand est arrivé le pauvre vieux, qui s'est plaint interminablement, ressassant ses craintes chimériques. La fenêtre était ouverte sur la rue et la pièce n'était éclairée que par le bec de gaz de la rue ; le père La Pérouse faisait face à la fenêtre et l'ombre compliquée de l'appui de la fenêtre dessinait des orne-

André Gide, *Journal (1889-1939)*, Gallimard, « Bibliothèque de la Pléiade », 1939.

ments sur ses joues. À cause de cela je ne pouvais trop me rendre compte de l'état de ce pauvre visage, que j'ai tant aimé, tant vénéré. Il m'a retenu encore longuement, ensuite, sur le pas de la porte, dans le noir, puis enfin m'a pris dans ses bras et embrassé encore une fois, comme s'il ne devait plus me revoir.

Il est extrêmement affecté du départ de sa petite-fille pour l'Amérique. Elle doit aller passer deux mois à Chicago, chez d'anciens élèves du grand-père, dévoués et « de toute confiance », affirme Mme La Pérouse. Mais « une jeune fille ne doit pas quitter sa mère », répète inlassablement le pauvre vieux ; et il n'y a pas moyen de déloger cet axiome.

Les circonstances plus immédiates de l'élaboration du roman sont liées au rôle qu'a joué l' « oncle » André Gide auprès de la famille du pasteur Élie Allégret, vieil ami des Gide. La mission du pasteur en Afrique noire française pendant la guerre rendit peut-être l'intervention de Gide plus nécessaire, son influence assurément plus grande. Daniel Durosay, qui éclaire la figure de la jeune Sarah Breitenstein, amie des frères André et Marc Allégret, résume ici ces données, au terme d'un article auquel on voudra bien se reporter.

Doutera-t-on que les relations de Gide avec la famille Allégret constituent un substrat capital du roman ? Ce vécu foisonnant a lentement revêtu, tapissé le dispositif intellectuel, esthétique, constitué en parallèle depuis le projet de préface à *Isabelle*, jusqu'à l'impulsion dramatique du début d'écriture ; et l'ayant pénétré, il l'a modifié — par

Daniel Durosay, « Les Faux-Monnayeurs de A à S et Z », in *Les Faux-Monnayeurs : nouvelles directions*, Bulletin des Amis d'André Gide, n° 88, octobre 1990.

le glissement de Lafcadio à Bernard. Le lieu parisien, l'avenue Mozart, où Gide prend pension ; l'atmosphère irrespirable de protestantisme, qui ravive l'esprit d'émancipation gidien ; l'aveuglement pitoyable et désastreux des parents, contrebalancé par la clairvoyance de l'oncle ; une jeunesse turbulente, en pleine formation morale et sentimentale, à travers des études que la guerre a rendues cahotiques ; en dépit des principes, et par la force des choses, une pratique pour ainsi dire courante de la fausseté ; tout ce vécu, auquel Gide fut lié de si près au point de s'y intégrer quasiment, faisait de cette famille Allégret un observatoire, voire un laboratoire privilégié sur l'adolescence. Pendant deux ans, de 1917 à 1919, c'est-à-dire du début de sa passion, au retour d'Élie, pendant cette phase la plus active de sa relation à Marc, l'écrivain faisait ainsi provision de personnages et d'épisodes. Dans la distribution d'ensemble, la famille du pasteur est un des premiers axes autour duquel s'effectue la cristallisation romanesque, un des premiers à être noté dans le *Journal des Faux-Monnayeurs*. Mais ce tourbillon, pour devenir matériau d'art, devait préalablement reposer. À bien des égards, le retour d'Élie constitue une coupure du vécu. Une phase — doit-on dire de facilité ? de spontanéité ? — se termine ; une phase critique doit s'ouvrir. L'écriture même du roman ne commence véritablement qu'avec la crise qui divise les parents et les enfants Allégret, au printemps 1919 — une situation éminemment symbolique pour Gide, car c'étaient les deux moitiés de sa vie, l'ancienne et la nouvelle, qui là s'affrontaient, par personnes interposées. Le désir d'écrire, si l'on cherche sa source intime — sur un plan externe, la reprise de

La NRF, effective en juin 1919, et avec elle, le redémarrage généralisé de l'ambition littéraire et des grands projets, constituent, cela est sûr, un autre facteur d'entraînement — sortait de cette crise familiale, qui ravivait une fissure intérieure, et enclenchait un projet pédagogique, par quoi *Les Faux-Monnayeurs,* comme on l'a suggéré, sont une manière de *Télémaque.* Examiner par quels mouvements de leurre, de convergence (Sara, pour devenir Sarah, ramenée de Genève à Paris, et intégrée à la structure familiale majeure) et d'éclatement (duplication des structures familiales, et répartition brouillée des caractères) l'élaboration s'est poursuivie après l'élan initial, dépasserait les limites de ce premier tour des clés, des premières clés — qui n'ouvrent plus tout à fait, dès lors que la serrure à dessein fut faussée.

Claude Martin montre bien à quel point *Les Faux-Monnayeurs* apparaissent, à côté du *Journal,* de *Si le grain ne meurt,* du *Journal des Faux-Monnayeurs,* comme « un journal plus intime ».

UN JOURNAL PLUS INTIME

Les témoignages ne manquent pas, suivant lesquels ce sont les expériences, la vie même de Gide qui constituèrent la matière des *Faux-Monnayeurs.* L'un des plus précis de ces témoins, Claude Mauriac, rouvrant le livre en 1939, notait dans son Journal : « Nul doute que ne soit très grande dans ce "roman" la part du journal authentique. [...] Tout ce que Gide m'a avoué, je le retrouve ici, à peine transposé. Ce sont les mêmes

Claude Martin, *Gide,*
© Éditions du Seuil,
1963, p. 150-152.

187

termes, bien souvent, que ceux entendus de sa bouche... » Du *Journal*, de *Si le grain ne meurt*, des *Souvenirs de la cour d'assises* même, quantité de traits, d'anecdotes recueillis ou vécus ont passé dans le roman... Et, plus profondément, il est certes évident que, *pour une grande part*, Édouard est Gide lui-même, Olivier est Marc Allégret, Passavant (... notons le calembour) Cocteau, et Laura, Madeleine... Mais ce n'est pas encore en ce sens que *Les Faux-Monnayeurs* figurent André Gide.

« Écrire, c'est se livrer », dira brutalement Mauriac au début de *Dieu et Mammon*. Et sans doute le seul fait d'écrire est-il déjà une révélation accordée par l'écrivain sur lui-même. En un sens, tout est confessions, car il n'y a pas d'expression pure en littérature, quelque chose est toujours exprimé par quelqu'un, donc toujours vu et rendu subjectivement. Mais l'on a coutume de réserver ce terme de confessions à des textes qui proclament explicitement n'avoir d'autre but que de renseigner le lecteur sur la nature de leur auteur : or, ils sont, presque toujours, sujets à caution, et, le plus souvent, ou bien leur dessein d'information n'est pas pur de toute autre visée, ou bien leur auteur est malgré lui gêné par la délicatesse même de l'entreprise. C'est ce que Gide n'a pas manqué de voir en ce qui concerne son *Journal*; et la rédaction parallèle de ses Mémoires et des *Faux-Monnayeurs* le lui fit souvent et très vivement ressentir, au point qu'il lui semblât se mieux raconter dans son roman que dans *Si le grain ne meurt*. Il le note, une fois achevée la première partie de ces Mémoires.

« Roger Martin du Gard, à qui je donne à lire ces Mémoires, leur reproche de ne jamais dire assez, et de laisser le lecteur sur sa soif. Mon intention pourtant a toujours été de tout dire. Mais il est un degré dans la confidence que l'on ne peut dépasser sans artifice, sans se forcer ; et je cherche surtout le naturel. Sans doute un besoin de mon esprit m'amène, pour tracer plus purement chaque trait, à simplifier tout à l'excès ; on ne dessine pas sans choisir ; mais le plus gênant c'est de devoir présenter comme successifs des états de simultanéité confuse. Je suis un être de dialogue ; tout en moi combat et se contredit. Les Mémoires ne sont jamais qu'à demi sincères, si grand que soit le souci de vérité : tout est toujours plus compliqué qu'on ne le dit. Peut-être même approche-t-on de plus près la vérité dans le roman. »

Autant dire que c'est l'univers des *Faux-Monnayeurs* pris *dans son ensemble* qui représente André Gide : « On n'a pas l'impression, écrivait très justement Jacques Lévy, d'un entremêlement de destins, mais au contraire celle d'un destin unique qui se poursuivrait tantôt sous une forme, tantôt sous une autre, comme si les données des différents épisodes étaient ici quelque chose de secondaire par rapport au sujet véritable du livre qui, lui, serait en deçà. » Il ne s'agit donc pas d'un « livre à clefs » ; moins encore d'un roman symboliste, et il faut appliquer à Gide ce qu'il disait de Dostoïevski, dont les personnages sont toujours très représentatifs, mais ne se déshumanisent jamais pour devenir symboliques. Édouard, Bernard, Olivier, Vincent ne sont pas des allégories, et même, ils ne sauraient pas être, comme le voulait Jacques Lévy, la représentation de telle tendance, de tel instinct, de tel sentiment de l'auteur : mais plutôt, en eux-mêmes déjà complexes, l'incarnation des divers êtres *possibles* de Gide, ces « directions infinies » dont parle Thibaudet et auxquelles il a donné vie : une page (de 1912) des *Réflexions sur le roman,* que lui avait signalée Roger Martin du Gard, d'ailleurs après qu'il eut achevé ses *Faux-Monnayeurs,* l'avait vivement frappé, au point qu'il songea à l'épingler, *en guise de préface,* en tête de son livre : « Il est très rare qu'un auteur qui s'expose dans un roman fasse de lui un individu vivant. [...] En d'autres termes, le romancier authentique crée ses personnages avec les directions infinies de sa vie possible, le romancier factice les crée avec la ligne unique de sa vie réelle. Le vrai roman est comme une autobiographie du possible [...]. Le génie du roman fait vivre le possible, il ne fait pas revivre le réel... » (cité in *Journal des Faux-Monnayeurs*). Et Gide, de plus en plus conscient que l'intérêt d'un roman, c'est de nous dévoiler le romancier, écrivait encore dans son *Journal* du 8 février 1927 :

« La richesse de celui-ci [l'auteur], sa complexité, l'antagonisme de ses possibilités trop diverses, permettront la plus grande diversité de ses créations. Mais c'est de lui que tout émane. Il est le seul garant de la vérité qu'il révèle, le seul juge. Tout l'enfer et le ciel de ses personnages est en lui. Ce n'est pas lui qu'il peint, mais ce qu'il peint, il aurait pu le devenir s'il n'était pas devenu tout lui-même. C'est pour pouvoir écrire *Hamlet* que Shakespeare ne s'est pas laissé devenir Othello. »

II. " UN JOURNAL PLUS INTIME "

André Gide a lui-même indiqué dans *Si le grain ne meurt* les rapports de complémentarité complexe qui relient ses « mémoires » au roman. Il faudrait citer ce texte *in extenso*. A défaut il est bon d'évoquer ou de citer ici — appuyées par le résumé qu'a donné Alain Goulet de l'article du docteur Eugenia Sokolnicka sur un cas de névrose infantile, et à la lumière des études de Jean Delay et de Jacques Lacan — telles pages de *Et nunc manet in te* (de Gide sur sa femme Madeleine), de *Corydon* (le texte manifeste et « scientifique » en faveur de la pédérastie), de *Dostoïevsky* (conférences au Vieux-Colombier sur le grand écrivain russe, dont Gide se fait, après de Vogüé, l'intercesseur auprès du public français), de la *NRF* (qui ouvre une rubrique *Faits divers*) et enfin des *Feuillets* du *Journal,* où Gide résume magistralement son itinéraire spirituel.

La maladie de Boris trouve sa source dans un article d'Eugenia Sokolnicka, psychanalyste polonaise (et elle-même à l'origine de Mme Sophroniska), paru en allemand : « Analyse einer infantilen Zwangsneurose » (*Internationale Zeitschrift für Psychoanalyse,* 1920, vol. 6), c'est-à-dire « Analyse d'un cas de névrose obsessionnelle infantile ». En voici un résumé :

En 1919, E. Sokolnicka eut à analyser, à Varsovie, un jeune juif polonais — ou russe — de dix ans et demi, en proie à divers problèmes obsessionnels. Il souffrait d'une phobie du toucher, de

Alain Goulet, *Fiction et vie sociale dans l'œuvre d'André Gide,* Paris, Lettres Modernes, 1985, « Bibliothèque des lettres modernes » 35.

191

sorte que sa mère devait l'habiller et le nourrir elle-même. Lorsque quelqu'un, particulièrement sa mère, touchait quelque chose d'une main, l'objet devait être remis à sa place primitive, puis le geste devait être répété de l'autre main, puis des deux mains. Si quelque chose contrariait ces contraintes compulsives, l'enfant se tordait de douleur. Souvent il lui arrivait de ne plus se connaître et, saisi de fureur, il se jetait sur sa mère, lui déchirait ses vêtements, la mordait, avant de se laisser tomber dans des crises de larmes. Dans son état de conscience normal, c'était un enfant docile et très obéissant.

La maladie s'était déclarée lors du séjour de la famille, à Minsk, pendant la période révolutionnaire. Son grand-père avait fui avant l'arrivée des bolcheviques, ce qui lui avait valu d'être condamné à une amende de cent mille roubles. Pour se soustraire à son tour à des poursuites, le père de l'enfant avait dû quitter la ville. La famille avait alors connu quelques perquisitions brutales.

La maladie de l'enfant s'était d'abord manifestée par une observation continuelle, dans la rue, de ses semelles ; bientôt, d'autres manies s'ajoutèrent et transformèrent la mère et le fils en martyrs. En outre, lui qui s'était montré jusqu'alors très gentil envers son père, refusa de se laisser embrasser par lui et même de rester seul avec lui. Au contraire il ne se laissait plus séparer de sa mère.

Le traitement dura six semaines. Ce ne fut pas une psychanalyse au sens strict, mais l'établissement d'une relation mi-analytique, mi-pédagogique propre à assurer un contact. L'enfant raconta qu'un jour il avait voulu grimper par la fenêtre sur une verrière ; la nourrice de sa sœur le lui avait interdit en lui disant que, s'il le faisait, Dieu le punirait en l'empêchant de grandir. Il passa outre, ce qui serait ainsi à l'origine de l'obsession sur le déplacement des objets. Ainsi la maladie reposait sur la transgression d'un interdit et sur la foi de l'enfant en la toute-puissance divine.

Après une longue résistance, le garçon finit par livrer le secret suivant : son ami du lycée de Minsk, Monja, lui avait raconté qu'il possédait une auto-mitrailleuse pour se défendre contre les bolcheviques. Il s'agissait donc de la croyance magique en un pouvoir [*Kraft*] que personne ne devait connaître sous peine de disparaître. Son ami était un grand magicien, et ce mot même exerçait sur lui un effet magique. C'est aussi Monja qui l'avait initié à sa manière aux mystères sexuels et lui avait appris que l'homme faisait les enfants en se couchant sur la femme. Comme Monja était très fort, et impertinent à l'égard de ses parents, l'envie était venue au patient de devenir également impertinent, ce qu'il réalisait à la faveur de ses éclipses de conscience. Après quoi Monja enflamma son imagination vers des directions sadiques.

Pendant la cure, les symptômes ont varié. Entre autres il arriva que toute affirmation était suivie de sa négation : « donne-moi du thé, ne me donne pas de thé ; je veux, je ne veux pas ; je comprends, je ne comprends pas ». Quant à ses absences de conscience, elles lui permettaient de se venger de sa mère qui était si « méchante » dans sa manière de faire des enfants avec son père. Petit à petit, Mme Sokolnicka obtint que l'enfant renonce aux bénéfices de la maladie et le détacha de sa dépendance envers sa mère.

Parmi les trois rêves de l'enfant consignés dans l'article, l'un d'eux devait intéresser particulièrement Gide : « Quelqu'un a touché la main de papa, et elle s'est ratatinée complètement et est restée paralysée. [...] Quelqu'un, peut-être mon grand-père, voulait frauduleusement capter d'un homme, un pouvoir [*eine Kraft abschwindeln*] : le gaz, le téléphone, 100 000, c'était cela ce pouvoir. » L'homme qui avait accompli l'enchantement magique devait être l'enfant lui-même qui avait ensorcelé son père et l'avait rendu malade. Ainsi il en voulait à son père, et tout se passait comme s'il était tombé malade pour le faire souffrir. Cette animosité était liée à l'onanisme de l'enfant qui avait renoncé à se masturber à la suite des menaces de la mère, c'est-à-dire devant la peur de la castration. De même il avait inversé son rôle avec son grand-père qui voulait frauduleusement capter le grand pouvoir de quelqu'un : c'est lui-même qui voulait s'emparer du pouvoir sexuel des adultes. Sa magie (l'onanisme), qu'il exerçait par vengeance contre son père et son grand-père, a fait son malheur et l'a rendu malade. Saisi par l'angoisse de castration, il voulait, dans ce rêve, s'approprier par magie le pénis du père et du grand-père. Au cours de l'interprétation du rêve, il était très agité et répétait sans cesse « oui-non ».

Ainsi la névrose provenait de la transgression de deux interdits : l'escalade d'une fenêtre, symbole du coït, et l'onanisme, se substituant aux relations sexuelles. Le rituel, magie inverse, était destiné à prévenir les suites de l'attouchement.

La dernière manifestation de son obsession consistait en une dénégation continuelle qui semblait être l'ultime expression de la simplification : le noyau de l'ambivalence. L'enfant expliqua que cela lui permettait de communiquer, tout en ayant l'air de n'avoir rien dit.

Les efforts de l'analyste furent couronnés de succès, encore, ajoute-t-elle, qu'elle « n'était nullement sûre que la guérison fût stable et définitive », réserve qui sera exploitée dans *Les Faux-Monnayeurs*. En tout cas son autorité était devenue si grande qu'on pouvait désormais obtenir tout de l'enfant en invoquant son nom.

Jean Delay, outre son ouvrage sur la jeunesse d'André Gide, a rédigé une introduction à la *Correspondance A. Gide — R. Martin du Gard*, dont nous retiendrons un passage. Les rapports entre la genèse du roman et les données « intimes » y apparaissent en pleine lumière.

Au cours d'un entretien avec R.M.G., Gide prit une feuille de papier et y traça une ligne droite horizontale. Puis, prenant une lampe électrique, il la déplaça lentement tout au long de cette ligne : « Voici vos *Thibault*, dit-il, vous prenez une famille à partir de l'an 1904 et vous la suivez en cheminant d'année en année. » Il retourna la feuille, y dessina un demi-cercle et posant la lampe au centre en promena le rayon à l'intérieur de la courbe. « Et voilà comment je veux composer mes *Faux-Monnayeurs*. » Il schématisait ainsi deux techniques du roman ; l'une, linéaire, suit l'ordre de succession chronologique des événements, l'autre, concentrique, ramène tout à un point central. R.M.G. conçut aussitôt quelques doutes sur l'objectivité de la seconde manière de Gide. Que pouvait être « le point central » qui donne son éclairage au roman sinon le romancier lui-même ?

Jean Delay, préface à la *Correspondance André Gide-Roger Martin du Gard*, t. I, 1913-1934, Gallimard, 1968.

En fait, tous les personnages des *Faux-Monnayeurs* sont reliés au romancier Édouard, qui naturellement tient son journal, et dit « je » comme devant, tandis que l'auteur tient le journal de ce journal.

Dès que R.M.G. eut compris que *Les Faux-Monnayeurs* allaient s'édifier autour du personnage d'Édouard, il chercha à mettre Gide en garde contre ce retour à la subjectivité : « Je me demande s'il est plus profitable que nuisible d'en faire un romancier, et si ceci n'est pas un moyen, dont l'emploi est plein de danger, de réintroduire le " subjectif " dans une œuvre qui s'en passerait fort bien. » Il essaya même de le persuader de faire des *Faux-Monnayeurs* « un roman en scènes », un « film dialogué », selon un procédé qui avait été celui de *Jean Barois*. Mais en vain. Et il dut finalement reconnaître que le journal d'Édouard était supérieur aux scènes et aux dialogues. « Le plus grave de ce que j'ai à dire — et nous en recauserons — c'est que je suis arrivé à cette constatation que le meilleur du livre est presque toujours tapi dans le journal d'Édouard. Vous comprenez la gravité de cette constatation. Poussée à l'absolu, il faudrait en conclure que ce qu'il y a de meilleur dans les *Faux-Monnayeurs*, c'est ce que Gide aurait écrit s'il ne s'était pas obstiné à écrire un roman objectif. »

Revenant à la genèse des *Faux-Monnayeurs,* il constatait que Gide avait suivi sa pente, tout en essayant de la remonter, et il se demandait, avec sa probité coutumière, s'il avait eu raison de l'inviter à se contraindre. « Le point de départ était d'un roman tout objectif. Avec Édouard, puis avec son " journal " et son " carnet " et ses " notes sur son roman ", un élément subjectif, un élément " Gide d'autrefois ", est venu, insensiblement, s'ajouter au livre commencé ; il y a pris de plus en plus de place ; on vous y sent infiniment plus à l'aise qu'ailleurs, et infiniment plus *irremplaçable ;* ce qui permet de dire que l'extraordinaire réussite des chapitres objectifs, et notamment de toute la troisième partie, qui est vraiment excellente, c'est un peu un *tour de force,* c'est un admirable renouvellement volontaire, un très beau geste (" Et moi aussi, je suis romancier ! "), parfaitement légitime et probant. Mais je me demande maintenant dans quelle mesure les *Faux-Monnayeurs* ouvrent une voie nouvelle à *votre* génie, et s'il serait indéfiniment souhaitable que vous persévériez dans cet effort un peu contre nature ? »

On sent quelque déception dans la façon dont il rappelle que « le point de départ était d'un roman tout objectif ». En effet le point de départ était un entrefilet du *Journal de Rouen* signalant le suicide d'un lycéen, persécuté par ses camarades qui l'accusaient de ne pas leur ressembler, et ce fait divers avait inspiré à Gide l'épisode vraiment capital du petit Boris. « Tout aboutit au suicide du petit Boris ; directement ou indirectement tout y amène ; à partir de quoi tout s'éparpille — tout *s'éparpillerait.* » Mais quand R.M.G. lut *Les Faux-Monnayeurs,* il eut la surprise de reconnaître dans le petit Boris de La Pérouse le petit André Gide de *Si le grain ne meurt.* C'était sa grande peur du lycée de Montpellier devant ses camarades, le cri d'angoisse : « Je ne suis pas pareil aux autres », et les crises nerveuses de sa onzième année qui lui firent découvrir les profits de la maladie. C'était son ambiguïté de douteur : « Oui, je veux bien, non je ne veux pas », et les obsédants subterfuges qui lui permirent de s'évader dans « la possession des biens imaginaires ». C'étaient les troubles sexuels de sa solitaire enfance et le renvoi de l'École alsacienne qu'avaient entraîné ses mauvaises habitudes, et la découverte par sa mère de son péché, et la crainte d'être damné.

En janvier 1922, R.M.G. avait accompagné Gide, rue de l'Abbé-Grégoire, aux causeries de la doctoresse Sokolnicka, élève polonaise de Freud. Gide avait été « assez impressionné » par ses exposés sur la sexualité infantile. C'est alors qu'il avait raconté à son ami toute l'histoire des troubles nerveux de son enfance, depuis ses crises à l'hôtel Nevet, sous les yeux de trois médecins, jusqu'aux cures de Lamalou, et la terrifiante consultation chez le docteur Brouardel qui l'avait menacé de le priver d'un organe captivant. Aussi dans *Les Faux-Monnayeurs* le romancier Édouard suit-il la psychanalyse de Boris par une certaine doctoresse Sophroniska, avec une attention d'autant plus intéressée qu'elle le ramène à ses anciens problèmes. Par-delà Boris et Édouard, Gide confrontait son double enfantin avec son double adulte.

Il n'était jusqu'à l'amour de Boris pour la pieuse et angélique Bronja qui ne rappelât la découverte par l'enfant de *Si le grain ne meurt,* dans sa treizième année, du « mystique orient » de sa vie. R.M.G. prompt à dénoncer dans *Les Faux-Monnayeurs* le mythe de l'ange gardien, insolite à ses yeux dans cet univers athée, ne maugréa point contre une idylle enfantine aussi directement inspirée. Dans son admirable étude sur *Les Faux-Monnayeurs et l'Expérience religieuse,* Jacques Lévy mort à Auschwitz, concluait : « Bronja, c'est la prière. » Gide lui-même, rappelant l'élan de son âme vers Dieu qui suivit la naissance de son

Sigmund Freud à Vienne en 1900. Coll. particulière. Ph. Archives Jean-Loup Charmet.
« ... Toute invention d'une imagination maladive est révélatrice. »

amour pour Emmanuèle, a précisé : « Il n'en différait point ; simplement il lui conférait dans mon cœur sa situation véritable. » Boris sans Bronja est perdu, comme l'eût peut-être été à cet âge André sans Emmanuèle, et lorsque Bronja meurt, c'est l'espérance du salut que perd avec elle Boris : « Les anges, désormais, comment y croire ? Même son ciel à présent se vidait. Boris rentra dans l'étude comme on plongerait en enfer. » On connaît l'atroce épilogue, la rechute dans le vice solitaire, l'admission dans la confrérie des Hommes Forts, puis le suicide solennel du lycéen, dans le silence haletant de la classe, sous les yeux de son grand-père, le vieux pion La Pérouse.

Tout s'est passé comme si, selon sa méthode habituelle, le romancier des *Faux-Monnayeurs* avait poussé à l'extrême dans le personnage du petit Boris des problèmes qui avaient été les siens au temps de sa maladive enfance. Il y avait représenté, « en abyme », son angoisse originelle et ses premiers itinéraires de fuite, mais il avait évidemment changé et dramatisé le dénouement. Dans la réalité Bronja n'était pas morte, Boris ne s'était pas suicidé, et leur mystique amour s'était continué pendant toute leur adolescence jusqu'aux *Cahiers d'André Walter*. Le fait divers, inspiré par un entrefilet de journal, avait donc pris place dans le roman mais il y avait perdu son caractère anecdotique, pour se rattacher, par une nécessité interne, à l'histoire personnelle de l'auteur.

Jacques Lacan rend compte élogieusement de l'étude de Jean Delay et reprend l'analyse, au plus loin de la « psychanalyse appliquée », en fonction de ses propres réflexions philosophiques et littéraires.

Jacques Lacan, Écrits, © Éditions du Seuil, 1966. Reproduit avec l'aimable autorisation de M. Jacques-Alain Miller.

Un cauchemar qui fait partie de ce cortège[1], hantera jusqu'à la fin le sommeil de Gide, à ceci près que la crique qui le croque, à partir d'une certaine date, il la trouvera « rigolo ». Mais toujours le désolera de son angoisse l'apparition sur la scène d'une forme de femme qui, son voile tombé, ne laisse voir qu'un trou noir[2], ou bien se dérobe en flux de sable à son étreinte[3].

À quoi répond en lui un autre abîme, celui qui s'ouvre dans sa jouissance primaire : la destruction d'un jouet aimé, les bras rompus soudain, dans le fracas de ce qu'ils portent, d'une servante chatouillée, l'étrange métamorphose de Gribouille suivant la dérive du fleuve, en rameau de verdure, le mènent à l'orgasme[4].

Secousses, glissements, formes grimaçantes, quand les acteurs au nombre congru du théâtre antique, viendront par le côté cour peupler la scène de leurs masques, la mort déjà y est entrée côté jardin. Pour que sa place y soit marquée, plus n'est même besoin qu'elle soit vide. Il suffit qu'elle soit numérotée. Ou pour mieux dire la mort elle-même n'est-elle pas le numéro des places ? Aussi bien est-ce là pourquoi elle est si prompte à en changer.

Par trois fois l'enfant entend sa voix pure. Ce n'est pas l'angoisse qui l'accueille, mais un tremblement du fond de l'être, une mer qui submerge tout, ce *Schaudern* dont Jean Delay se fie à la signifiance allophone pour en confirmer la signification d'allogénéité, — nous enseignant la sémiologie, et spécialement de la relation à la « seconde réalité », du sentiment aussi d'être exclu de la relation au semblable, par où cet état se distingue de la tentation anxieuse[5].

1. *Ainsi soit-il,* p. 98, cité par Delay, p. 138.

2. Delay, I, p. 525, citant *Les Cahiers d'André Walter.*
3. Delay, II, p. 105, citant *Et nunc manet in te,* p. 35.

4. Delay, I, p. 250.

5. Cf. Delay, I, p. 171, 176 et 321-329. *Si le grain ne meurt,* I, p. 135, 136 et 195.

Finesse clinique, où se gonfle notre chagrin des rabâchages qui tympanisent notre vie de psychiatre, quand tout encore est à articuler.

Nous ne dirons pas ici pourquoi les quatre coins sont nécessaires de cette relation du moi à l'autre, et puis à l'Autre, où le sujet se constitue comme signifié.

Renvoyons seulement le lecteur aux chapitres qui très simplement les situent, par le seul procès, exemplaire à nos yeux, de l'étude présente.

Ce procès s'ouvre de ce que se redoublent dans les créations de l'écrivain, les constructions plus précoces qui furent chez l'enfant plus nécessaires, d'avoir à tenir ces quatre places rendues plus incertaines du manque qui y demeurait.

C'est ainsi que la constitution de la *persona,* titre du chapitre où culmine le quatrième livre, renvoie à l'analyse du *Voyage d'Urien,* œuvre interprétée par Jean Delay, sans prêter à plus de contestation que n'en laisse le déchiffrage d'un rébus, comme le *voyage du Rien,* qui est le clou du troisième livre.

De même *la création du double,* qui, achevant le deuxième livre est le pivot des deux parties de l'ouvrage, renvoie dans le premier livre à *l'enfant divisé.*

Cette *Spaltung* ou refente du moi, sur quoi la plume de Freud *in articulo mortis* s'est arrêtée, nous semble bien être ici le phénomène spécifique. Occasion de s'étonner encore que le sens commun des psychanalystes le bannisse de toute réflexion méditée, pour s'abstraire dans une notion comme la faiblesse du moi, dont la pertinence se mesure une fois de plus pour le sujet Gide par l'assertion qu'il peut produire sans que la démente sa conduite. « Il ne m'est pas arrivé souvent de renoncer : un délai, c'est tout ce qu'obtient de moi la traverse[1]. »

Faut-il pour éveiller leur attention, leur montrer le maniement d'un masque qui ne démasque la figure qu'il représente qu'à se dédoubler et qui ne la représente qu'à la remasquer ? Leur expliquer de là que c'est quand il est fermé qu'il la compose, et quand il est ouvert qu'il la dédouble[2].

Quand Gide devant Robert de Bonnières se déclare : « Nous devons tous représenter[3] », et quand dans son ironique *Paludes*[4], il s'interroge sur l'être et le paraître, ceux, qui, d'avoir un masque de louage, se persuadent qu'ils ont par dessous un visage, pensent : « littérature ! » sans soupçonner qu'il exprime là un problème si personnel, qu'il est le problème tout court de la personne.

L'*idéal du moi*, de Freud, se peint sur ce masque complexe, et il se forme, avec le refoulement d'un désir du sujet, par l'adoption inconsciente de l'image même de l'Autre qui de ce désir a la jouissance avec le droit et les moyens.

L'enfant Gide entre la mort et l'érotisme masturbatoire, n'a de l'amour que la parole qui protège et celle qui interdit ; la mort a emporté avec son père celle qui humanise le désir. C'est pourquoi le désir est confiné pour lui au clandestin.

Un soir, qu'il nous a dit, fut pour lui le rendez-vous de son destin, l'illumination de sa nuit et son engagement dans des vœux. Vœux au nom desquels il devait faire de sa cousine Madeleine Rondeaux son épouse, et qui lui ouvrirent ce qu'il maintint jusqu'à la fin avoir été l'amour unique.

1. Cité par Delay, II, p. 479, de *Si le grain ne meurt*, p. 357, à rapprocher du « Tant pis j'agirai autrement » (Delay, II, p. 18), écrit dans son carnet de notes à la date du 1ᵉʳ janvier 1891 sous le coup du refus majeur qu'il essuyait de Madeleine.
1. Ce masque est à leur disposition au chapitre : Art, de l'*Anthropologie structurale* de notre ami Claude Lévi-Strauss, spécialement aux p. 287-290.
1. Delay, II, p. 70, citant la scène de *Si le grain ne meurt*, I, p. 274-275, et rappelant que Gide donne la formule pour le « pur secret » de sa vie.
1. Et dans le *Journal*-1881, p. 25, cité dans Delay, II, p. 52.

Le degré des âges. Image d'Épinal. XIXe siècle. Bibliothèque nationale, Paris. Ph. Archives Jean-Loup Charmet.
« Ça, c'est un tableau symbolique des âges de la vie, depuis le berceau jusqu'à la tombe. Comme dessin, ça n'est pas très fort ; ça vaut surtout par l'intention. »

Et nunc manet in te **évoque des vacances passées avec Madeleine en Italie et en Afrique du Nord. Témoin ce passage :**

Les vacances de Pâques avaient pris fin. Dans le train qui nous ramenait de Biskra, trois écoliers, regagnant leur lycée, occupaient le compartiment voisin du nôtre à peu près plein. Ils s'étaient à demi dévêtus, la chaleur étant provocante, et, seuls dans ce compartiment, menaient un train d'enfer. Je les écoutais rire et se bousculer. À chacun des fréquents mais brefs arrêts du train, penché à la petite fenêtre de côté que j'avais baissée, ma main pouvait atteindre le bras d'un des trois écoliers, qui s'amusait à se pencher vers moi, de la fenêtre voisine, se prêtait au jeu en riant ; et je goûtais de supplicantes délices à palper ce qu'il offrait à ma caresse de duveteuse chair ambrée. Ma main, glissant et remontant le long du bras, doublait l'épaule... À la station suivante, l'un des deux autres avait pris la place, et le même jeu recommençait. Puis le train repartait. Je me rasseyais, haletant, pantelant, et feignais d'être absorbé par la lecture. Madeleine, en face de moi, ne disait rien, affectait de ne pas me voir, de ne pas me connaître...

Arrivés à Alger, seuls dans l'omnibus qui nous emmenait à l'hôtel, elle me dit enfin, sur un ton où je sentais encore plus de tristesse que de blâme : « Tu avais l'air ou d'un criminel ou d'un fou. »

André Gide, *Et nunc manet in te* in *Journal (1939-1949)* — *Souvenirs,* , Gallimard, « Bibliothèque de la Pléiade », 1954.

Corydon **est composé de quatre dialogues. Gide s'efforce, preuves « scientifiques » à l'appui, de convaincre son lecteur que l' « instinct » homo-**

sexuel est « naturel », et qu'un adulte aimant forme incomparablement mieux à la vie « un enfant » — nous dirions un adolescent — que ne peut le faire une femme. Nous proposons deux courts extraits de ce texte didactique.

— Je tiens à préciser :

1° L'instinct est d'autant plus précis que le coït est plus difficile.

2° Le nombre des mâles est d'autant moindre que l'instinct est plus précis.

3° D'où : le nombre des mâles diminue tandis que la difficulté du coït augmente (pour ces mâles que la femelle offre en holocauste à l'amour) ; sans doute que, s'il était quelque autre façon de goûter la volupté, ils délaisseraient aussitôt le périlleux coït — et que l'espèce en serait éteinte. Mais sans doute aussi que la Nature ne leur laisse aucun autre moyen de se satisfaire[1].

André Gide, *Corydon*, Gallimard, « Folio ».

1. Il est remarquable que, précisément chez cette espèce *(mantis religiosa)* et malgré le petit nombre de mâles, chaque femelle est prête à en faire une consommation déréglée ; elle continue à s'offrir au coït et reste appétissante au mâle même après la fécondation ; Fabre raconte avoir vu l'une d'elles accueillir puis dévorer successivement sept époux. L'instinct sexuel, que nous voyons ici impérieux et précis, aussitôt dépasse le but. Je fus tout naturellement amené à me demander si, chez ces espèces où le nombre des mâles est proportionnellement inférieur, où, partant, l'instinct est plus précis et où par conséquent il ne reste plus de matière inemployée, dont puisse jouer la force catagénétique, de « matière à variation », — si ce n'est pas, dès lors, en faveur du sexe féminin que se manifeste le dimorphisme — autrement dit si les mâles de ces espèces ne sont pas d'aspect *moins* brillants que les femelles ? — Or c'est précisément ce que nous pouvons constater chez la *mantis religiosa*, dont le mâle « nain, fluet, sobre et mesquin » (j'emprunte à Fabre ces épithètes) ne peut prétendre à cette « pose spectrale » durant laquelle la femelle déploie l'étrange beauté de ses larges ailes diaphanes et lisérées de vert. Fabre ne fait du reste pas la moindre remarque sur ce singulier ren-

Encore une fois, je ne fais que supposer.

— Nous réfléchirons à cela. À mesure que je vous comprends mieux, il me paraît davantage que votre conclusion déborde sensiblement vos prémisses. Je vous sais gré, je l'avoue, de m'amener à réfléchir sur ces matières où sévit en effet à l'ordinaire une sorte de principe d'autorité imposant une croyance toute faite et qu'on se garde de contrôler. Voici donc où j'en arrive avec vous :

Oui, l'instinct sexuel existe, malgré ce que vous affirmez ; il opère, malgré que vous en ayez avec une précision, une impérativité singulière mais il n'astreint qu'à ses heures, à la fois les deux éléments mis en jeu. Pour répondre à coup sûr à la proposition momentanée de la femelle, il met en face d'elle le désir permanent du mâle. Le mâle est tout gratuité, disiez-vous ; la femelle toute prévoyance. Les seuls rapports hétérosexuels (des animaux) sont en vue de la fécondation.

— Et le mâle ne se contente pas toujours de ceux-là.

Tant qu'il reste ce « molliter juvenis » dont parle Pline, plus désirable et désiré que désirant, si quelque aîné s'éprend de lui, je pense, comme on pensait avant-hier dans cette civilisation dont vous ne consentez à admirer que l'écorce, je pense que

---

versement des attributs, qui corrobore ici ma théorie. Ces considérations que je relègue en note, — parce qu'elles s'écartent quelque peu de la ligne de cet écrit — où je crains bien qu'elles ne passent inaperçues, me paraissent présenter le plus grand intérêt. La joie que j'éprouvai lorsque, ayant poussé jusqu'au bout une théorie si neuve et, je l'avoue, si hasardée, je vis l'exemple la confirmant venir, pour ainsi dire, à ma rencontre — cette joie n'est comparable qu'à celle du chercheur de trésor d'Edgar Poe lorsqu'en creusant le sol il découvre la cassette pleine de joyaux exactement à cette place où ses déductions l'avaient persuadé qu'elle devait être. — Je publierai peut-être quelque jour d'autres remarques à ce sujet.

rien ne peut se présenter pour lui de meilleur, de préférable qu'un amant. Que cet amant, jalousement, l'entoure, le surveille, et lui-même exalté, purifié par cet amour, le guide vers ces radieux sommets que l'on n'atteint point sans l'amour. Que si tout au contraire cet adolescent tombe entre les mains d'une femme, cela peut lui être funeste ; hélas ! on n'a que trop d'exemples de cela. Mais comme, à cet âge trop tendre, l'adolescent ne saurait faire encore qu'un assez médiocre amoureux, il n'est heureusement pas naturel qu'une femme aussitôt s'en éprenne.

Dans ses conférences sur Dostoïevski, Gide indique d'autres pistes, d'autres références, également précises et précieuses.

Considérons seulement aujourd'hui cette double attirance qui écartèle Stavroguine :

« Il y a dans tout homme, disait Baudelaire, deux postulations simultanées : l'une vers Dieu, l'autre vers Satan. »

Au fond, ce que chérit Stavroguine, c'est l'énergie. Nous demanderons à William Blake l'explication de ce mystérieux caractère. « L'Énergie est la seule vie. L'Énergie, c'est l'éternel délice », disait Blake.

Écoutez encore ces quelques *proverbes* : « Le chemin de l'excès mène au palais de la sagesse », ou encore : « Si le fou persévérait dans sa folie, il deviendrait sage », et cet autre : « Celui-là seul connaît la suffisance qui d'abord a connu l'excès. » Cette glorification de l'énergie prend chez Blake les formes les plus diverses : « Le rugissement du lion, le hurlement des loups, le

André Gide, *Dostoïevski*, Gallimard, 1981, « Les Essais ».

207

soulèvement de la mer en furie et le glaive destructeur sont des morceaux d'éternité trop énormes pour l'œil des hommes. »

Lisons encore ceci : « Citerne contient, fontaine déborde », et : « Les tigres de la colère sont plus sages que les chevaux du savoir » ; et enfin cette pensée par laquelle s'ouvre son livre *Du Ciel et de l'Enfer*, et que Dostoïevsky semble s'être appropriée sans la connaître : « Sans contraires, il n'y a pas de progrès : Attraction et répulsion, raison et énergie, amour et haine, sont également nécessaires à l'existence humaine. » Et plus loin : « Il y a et il y aura toujours sur la terre ces deux postulations contraires qui seront toujours ennemies. Essayer de les réconcilier, c'est s'efforcer de détruire l'existence. »

À ces *Proverbes de l'Enfer* de William Blake, je voudrais en ajouter deux autres de mon cru : « C'est avec les beaux sentiments que l'on fait la mauvaise littérature », et : « Il n'y a pas d'œuvre d'art sans collaboration du démon. » Oui, vraiment, toute œuvre d'art est un lieu de contact, ou, si vous préférez, est un anneau de mariage du ciel et de l'enfer ; et William Blake nous dira : « La raison pour laquelle Milton écrivait dans la gêne lorsqu'il peignait Dieu et les anges, la raison pour laquelle il écrivait dans la liberté lorsqu'il peignait les démons et l'enfer, c'est qu'il était un vrai poète et du parti du diable, sans le savoir. »

Dostoïevsky a été tourmenté toute sa vie à la fois par l'horreur du mal et par l'idée de la nécessité du mal (et par le mal, j'entends également la souffrance). Je songe, en le lisant, à la parabole du Maître du Champ : « Si tu veux, lui dit un serviteur, nous irons arracher la mauvaise herbe. — Non ! répond le Maître, laissez, avec le bon grain, et jusqu'au jour de la moisson, croître l'ivraie. »

Je me souviens qu'ayant eu l'occasion de rencontrer, il y a plus de deux ans, Walter Rathenau, qui vint me retrouver en pays neutre et passa deux jours avec moi, je l'interrogeai sur les événements contemporains et lui demandai en particulier ce qu'il pensait du bolchevisme et de la révolution russe. Il me répondit que naturellement, il souffrait de toutes les abominations commises par les révolutionnaires, qu'il trouvait cela épouvantable... « Mais, croyez-moi, dit-il : un peuple n'arrive à prendre conscience de lui-même et pareillement un individu ne peut prendre conscience de son âme qu'en plongeant dans la souffrance, et dans *l'abîme du péché.* »

Et il ajouta : « C'est pour n'avoir consenti ni à la souffrance ni au péché que l'Amérique n'a pas d'âme. »

1-11-1926 : La N.R.F. publie une lettre adressée à Jean Paulhan. C'est un appel à la collaboration du public. Gide désire que la revue ouvre une rubrique « Faits divers », dont il prendra la direction. Il donne lui-même quelques exemples. Mais la déception est cruelle. Les anecdotes proposées par le public sonnent faux, ou conventionnel, comme en témoigne cette seconde lettre.

Il me faut bien reconnaître, hélas, que la plupart des lettres, assez nombreuses, que j'ai reçues au sujet de cette chronique de faits divers, m'ont déçu. Mes nouveaux correspondants ne semblent pas même comprendre, le plus souvent, le genre d'intérêt particulier que nous sommes en droit d'attendre d'un « fait divers ».

Que m'importe de savoir, par exemple, qu'un empoisonneur, pour expédier un vieillard, a usé

André Gide, « Seconde lettre sur les faits divers », *La Nouvelle Revue Française*, 1er février 1927.

Man Ray : *Le cadeau*. Musée national d'art moderne, Centre Georges-Pompidou, Paris. Ph. du Musée © A.D.A.G.P., 1991. « Je propose d'œuvrer à la faveur de l'illogisme. »

Ubu roi de Jarry. Dessin de couverture. Réédition en 1921, Éd. E. Fasquelle. Bibliothèque nationale, Paris. Ph. Archives Jean-Loup Charmet. « Pas possible ? c'est Jarry ! Je le prenais pour un domestique. »

d'une dose d'arsenic capable d'exterminer six personnes ? La badauderie seule peut y trouver son compte et la niaiserie de certains chroniqueurs, ou leur complaisance envers certaine clientèle. Mais qu'ai-je affaire du pittoresque, du macabre, du « sensationnel » ?

Ce n'est pas une vaine curiosité, non plus que le désir d'amuser les lecteurs, qui m'incite à ouvrir cette chronique. Il me paraît que la psychologie (non point, si l'on veut, celle des philosophes) mais celle qui « a cours », repose sur des lieux communs, des données mal contrôlées, et que les jugements, souvent, en sont considérablement faussés. Je vois là beaucoup de paresse, et fort peu d'esprit critique. Le plus grand nombre des romanciers et des dramaturges, malheureusement, se contentent de ces données banales et peu certaines, qui leur permettent de plus faciles effets et leur assurent l'approbation du public. C'est une monnaie de papier, qui a cours, mais dont l'encaisse réelle ne garantit pas la valeur ; qui n'a qu'une valeur de convention.

Le fait divers qui m'intéresse est celui qui bouscule certaines notions trop facilement acceptées, et qui nous force à réfléchir.

La rubrique fut vite interrompue. Enfin, une page superbement synthétique, tirée des 8 *Feuillets (Journal)* de 1923, manifeste et la continuité quasi religieuse de l'entreprise gidienne depuis *Les nourritures terrestres* et l'inassouvi désir d'aventure qui brûle au cœur de l'écrivain.

« Résolu à résigner ainsi toute possession personnelle et convaincu que je ne pouvais aspirer à

André Gide, « Feuillets » in *Journal (1889-1939)*, Gallimard, « Bibliothèque de la Pléiade », 1939.

211

la disposition de tout qu'à condition de ne posséder rien en propre, je répudiai toute opinion personnelle, toute habitude, toute pudeur, ma vertu même, comme on rejette une tunique afin d'offrir un corps sans ombre au contact de l'onde, aux vents passagers, au soleil. Forte de ses abnégations, je ne sentis bientôt plus mon âme que comme une volonté aimante (oui, c'est ainsi que je me la définissais), palpitante, ouverte à tout venant, pareille à tout, impersonnelle, une naïve incohésion d'appétit, de gourmandises, de désirs. Et, si peut-être j'eusse été m'effrayer du désordre où m'entraînait leur anarchie, ne savais-je point aussitôt me rassurer en me remémorant ces mots du Christ : "De quoi donc vous inquiétez-vous ? " Je m'abandonnai donc à ce désordre provisoire, confiant en un ordre plus sincère et naturel qui s'organiserait de soi-même, pensais-je, et du reste estimant que le désordre même était moins dangereux pour mon âme qu'un ordre arbitraire, et nécessairement factice puisque je ne l'avais pas inventé. Rayon divin ! m'écriai-je, ce qui s'oppose à toi, n'est-ce point surtout cette fausse sagesse des hommes, faite de peur, d'inconfiance et de présomption ? Je te résigne tout. Je m'abandonne. Chasse de moi toute ombre. Inspire-moi.

« Considérant ensuite que rien n'écarte de Dieu plus que l'orgueil et que rien ne me rendait plus orgueilleux que ma vertu, je pris en horreur cette vertu même et tout ce dont je pouvais me targuer, tout ce qui me permettait de me dire : je ne suis point pareil à toi, commun des hommes ! Et je sais bien que cet excès de renoncement, ce reniement de la vertu par amour de la vertu même, ne paraîtra qu'un sophisme abominable à l'âme pieuse qui me lira. Paradoxe ou sophisme qui dès lors inclina ma vie, si le diable me le dicta, c'est ce que j'examinerai par la suite. Il me suffit de dire pour l'instant que je m'avançai hardiment sur cette route si nouvelle. Que dis-je : route ? Chaque pas que je faisais en avant m'aventurait dans l'inconnu. »

III. RÉACTIONS, CRITIQUES, ÉTUDES : GIDE (DÉJÀ) TEL QU'EN LUI-MÊME...

Dans son ouvrage sur André Gide, Léon Pierre-Quint retrace, en un montage instructif, les moments, complexes et contradictoires en un sens, en un autre sens lumineusement successifs, d'une « fortune » idéologique et littéraire autour des années vingt.

Gide s'est à certains moments rapproché de Maurras pendant la guerre pour s'en éloigner plus tard.
GIDE, *dans la* NRF *(1909) :*
Je ne lis pas souvent *L'Action française,* par crainte de redevenir républicain.

Pendant la guerre, Gide écrit à Maurras pour lui communiquer, en vue de leur reproduction, des lettres du lieutenant de vaisseau Dupouey.
GIDE :
...Le temps est venu, peut-être, de se compter, vivants ou morts... (Lettre publiée dans *L'Action française* du 5 novembre 1916.)
HENRI MASSIS *cite le post-scriptum de cette lettre :*
Ci-joint un billet pour le meilleur usage sur lequel vous voudrez bien prélever le montant d'un abonnement à *l'A.F.*

Léon Pierre-Quint, *André Gide*, Stock, 1952.

En 1935, à une réunion de l'« Union pour la Vérité », Gide devenu sympathisant communiste, explique sa position par rapport à l'Action française pendant la guerre.

GIDE :

Je n'ai jamais eu de conviction royaliste. Mais, en 1916, j'avais l'impression que l'A.F. était le seul groupement sérieux et qu'il était nécessaire, à ce moment, de se serrer les coudes.

ANDRÉ GIDE, OU L'ONCLE DADA

Gide suivait avec attention et curiosité la naissance et les manifestations de Dada. De leur côté, les dadaïstes voyaient avant tout en Gide l'auteur des Caves du Vatican.

Dans Littérature, *en 1922, parut sous le titre de « André Gide nous parle de ses Morceaux choisis » un texte signé par André Breton. Breton reproduit mot à mot une conversation qu'il eut avec André Gide :*

GIDE : Si vous saviez quelle partie je joue. C'est que je ne suis pas un poète ! Les poètes ont trop beau jeu. Mais moi, de combien de réflexions ne fais-je pas précéder le déplacement d'un seul de mes pions ! J'ai encore beaucoup à écrire mais je connais mon but et le plan même de tous mes volumes est arrêté. Soyez certain que j'avance, avec lenteur, soit ; d'autant plus avec volupté.

MOI : Ne craignez-vous pas qu'on vous tienne faible compte de ces calculs ? Il s'agit de tout autre chose. Peut-être, en ne voulant vous priver d'aucune chance, perdrez-vous la partie de toute façon.

GIDE : Je ne dois de comptes qu'après ma mort. Et que m'importe, puisque j'ai acquis la certitude que je suis l'homme qui aura le plus d'influence dans cinquante ans !

MOI : Alors pourquoi vous préoccuper de sauver les apparences ? On sait maintenant quelle légende il vous plaît qu'on accrédite autour de vous : votre inquiétude, votre horreur des dogmes, et ce côté décevant. Les plus maladroits s'y essayent.

GIDE : Mais je suis au contraire plus calomnié que jamais. Dans *La Revue universelle,* M. Henri Massis déverse des ordures sur moi. Croyez-moi, Breton, tout viendra à son heure : en lisant mes morceaux choisis, vous verrez que j'ai surtout pensé à vous et à vos amis.

MOI : Une préférence ne nous suffit pas. Il n'est pas un de nous qui ne donnerait tous vos volumes pour vous voir fixer cette petite lueur que vous avez seulement fait apparaître une fois ou deux, j'entends dans les regards de Lafcadio et d' « Un Allemand ». Est-il bien nécessaire que vous vous consacriez à autre chose ?

GIDE : Ce que vous me dites est bien étrange, mais c'est de la faillite de l'humanité tout entière que vous avez le sentiment. Je vous comprends mieux que vous ne croyez et je vous plains. Comme nous le disions l'autre jour avec Paul Valéry : « Que peut un homme ? » et il ajoutait : « Vous souvenez-vous de l'admirable question de Cervantès : " Comment cacher un homme ? " »

LES GRANDES OFFENSIVES

HENRI BÉRAUD :
... Il faut réagir contre le snobisme de l'ennui qui se confond d'ailleurs avec le snobisme de la mévente... *(Les Nouvelles littéraires,* 1922.)

Je suis un polémiste... En ce qui concerne l'affaire Gide, je prends parti, et je ne me cache plus, pour « la littérature rigolote ou tout au moins agréable ». *(Paris-Journal.)*

A ces mots toute la presse s'enflamme.
Prennent parti pour Béraud : L'Illustration, Les Marges, Les Annales *(André Lang)*, La France vivante *(José Germain), etc.* et notamment Roland Dorgelès, et Édouard Dulac.
Prennent parti pour Gide : Le Temps *(Paul Souday)*, Le Figaro *(Fernand Vandérem)*, Les Nouvelles littéraires, Paris-Journal *(René Crevel)*, ainsi que Léon Daudet et Abel Hermant.
Quant à Henri Massis, voici en quels termes il parle de Gide :

Il n'y a qu'un mot pour définir un tel homme, mot réservé et dont l'usage est rare, car la conscience dans le mal, la volonté de perdition ne sont pas si communes : c'est celui de démoniaque. Et il ne s'agit pas ici de ce satanisme verbal, littéraire, de cette affectation de vice, qui fut de mode il y a quelque trente ans, mais d'une âme affreusement lucide dont tout l'art s'applique à corrompre... (1921.)

La litote classique est le manteau d'hypocrisie dont il sent le besoin de vêtir son personnage. (1921.)

Ce qui est mis en cause ici, c'est la notion même de *l'homme* sur laquelle nous vivons... (1923.)

C'est qu'il s'agit ici de l'entreprise la plus captieuse pour nous désoccidentaliser, nous décatholiciser. (1923.)

... l' « évangélisme » gidien ne tend à rien d'autre qu'à *sauver la chair...* (1923.)

ANDRÉ GIDE :

J'ai connu ce destin bizarre (peut-être unique) d'être magnifié par l'attaque avant de l'avoir été par l'éloge. (1924.)

On supporte plus volontiers d'être vilipendé, ou inconnu, que méconnu. (1924.)

Les critiques, dans l'ensemble, furent défavorables au roman de Gide. Nous proposons ici de courts extraits représentatifs du pire et du moins mauvais. La liste est abondante : R. Fernandez *(NRF)*, J. Charpentier *(Mercure de France)*, P. Dominique *(Le Soir)*, P. Souday *(Le Temps)*, A. Thérive *(L'Opinion)*, L. Pierre-Quint *(La Revue de France)*, H. Daniel-Rops *(La Revue nouvelle)*, J. Prévost *(Le Navire d'Argent)*, G. d'Aubarède et G. Bourguet *(Les Cahiers du Sud)*, R. Guillouin *(La Semaine littéraire)*, E. Buenzod *(Revue de Genève)*, A. Thibaudet *(l'Europe nouvelle)*, E. R. Curtius *(Die Neue Rundschau)*, E. Jaloux *(Les Nouvelles littéraires)*, H. Martineau *(Le Divan)*, pour ne citer que les articles parus en 1926 que relève le *Bulletin des Amis d'André Gide*. On a cependant « préféré », à des titres divers, A. Billy, M. Arland et F. Strowski.

André Billy (*L'Œuvre*, février 1926) est expéditif :

Les Faux-Monnayeurs non plus n'ont pas leur pareil, mais que dire pour les faire aimer ? C'est un livre haïssable, sur lequel je me garderai d'insister, reculant devant la difficulté qu'il y aurait à vouloir, dans un journal comme celui-ci, rendre tous les aspects, indiquer toutes les pentes d'une œuvre si désagréablement immorale. Nous ne nous ferons pas, n'est-ce pas, plus vertueux que nous ne sommes. Nous ne dénierons pas au vice ses attraits, mais nous mettrons nettement à part le vice pour lequel M. André Gide fait dans ses *Faux-Monnayeurs* une sorte d'apologie en action. Tel que nous le dépeint M. Gide, ce vice-là relève beaucoup plus de la correctionnelle que de la littérature.

Aussi bien trouve-t-on dans *Les Faux-Monnayeurs* quelques tableaux de mœurs assez bien faits, un ou deux types curieux et des idées esthétiques discutables mais intéressantes à débattre en petit comité, vers une heure du matin dans la fumée des pipes. Je ne mettrai pas à la charge de M. Gide les fautes de français qu'on relève dans son roman, puisqu'il n'en a pas, m'assure-t-on, corrigé les épreuves.

Marcel Arland, collaborateur de la *NRF* depuis 1924, donne son compte rendu du roman de Gide dans *Les Feuilles libres* en janvier-février 1926. Avant de rendre hommage à A. Gide, il ne peut cacher d'abord ses réserves. Intelligence trop visible du romancier, « impression » d' « éparpillement » :

[...] on obtient ainsi une sorte de fresque dont les détails sont fort intéressants, mais qui ne constitue pas une œuvre pleine et fournie. Les personnages des *Faux-Monnayeurs* sont tracés sur un même plan ; le tout est subtil, mais sans passion ; large, mais sans relief ; délicat, mais grisâtre et monotone. Quelquefois Gide parvient à s'oublier lui-même : alors c'est un son plus pur, nous voilà vraiment émus — pas pour longtemps, hélas ! Il est une autre observation que je voudrais faire : que Gide, dans *L'Immoraliste*, signale le goût de Michel pour les jeunes garçons, cela ne manque

Marcel Arland, *Les Feuillets libres*, janvier-février 1926.

Frappe de fausse monnaie dans un village suisse en 1337. In *Chronique de Spiez* par Diebold Schilling, 1485. Bürgerbibliothek, Berne. Ph. © Bibliothèque nationale suisse, Berne.
« Depuis quelque temps, des pièces de fausse monnaie circulent. J'en suis averti. Je n'ai pas encore réussi à découvrir leur provenance. »

221

pas d'audace ; que ce goût soit plus ou moins exprimé dans ses œuvres suivantes, tant pis, c'est une habitude ; et *Corydon,* livre didactique et en quelque sens scolaire, abandonne toute prétention littéraire. Mais *Les Faux-Monnayeurs,* qui veulent être un grand livre, sont construits presque uniquement autour de ce goût ; j'avoue que cela me paraît un peu lassant.

Et pourtant, c'est un éloge des *Faux-Monnayeurs* que je voulais entreprendre. Si le nouveau livre de Gide était l'objet d'une commune louange, je n'aurais aucun scrupule à insister sur ce qui me déplaît en lui ou me gêne. Mais je le vois attaqué d'un peu partout, et parmi ses détracteurs, il en est de qualité assez basse pour que je n'aie point envie de me ranger à leur côté. Quelques reproches que j'adresse d'ailleurs à ce livre, je n'en méconnais pas l'importance, et c'est bien pourquoi je me suis livré à ces reproches. *Les Faux-Monnayeurs* sont une des plus rares entreprises qui pouvaient être tentées, et, malgré toutes leurs imperfections, un livre à peu près unique dans notre littérature. Je trouve beau qu'à plus de cinquante ans, Gide essaie de se renouveler, comme, du reste, il l'a fait presque à chacune de ses œuvres. Son nouveau livre est plein de jeunesse, d'une jeunesse parfois fardée, sans doute, mais dont le charme ne vient nullement de ce fard ; il est jeune par les inspirations, les révoltes, les voix confuses de ses adolescents ; jeune aussi par la figure même de Gide, sa curiosité et son ardeur incessante. Toute la vie de cet homme et toutes les œuvres de cet écrivain sont des sortes de préludes. Préludes à quelle vie véritable, à quelle œuvre complète ? Quoi qu'il en soit, je persiste à tenir Gide pour le plus émouvant d'entre nos aînés.

Quant à Fortunat Strowski, professeur à la Sorbonne et auteur de travaux sur Montaigne et Pascal, voici en quels termes il rend compte des *Faux-Monnayeurs* en mars 1926, dans *La Renaissance* :

M. ANDRÉ GIDE OU LES NOUVELLES LIAISONS DANGEREUSES.

M. André Gide a intitulé son dernier livre : *Les Faux-Monnayeurs*. C'est un nom de pure fantaisie, qui n'a guère de rapports avec le sujet. Le vrai titre, le seul qui conviendrait à ce roman, c'est : *Les Nouvelles Liaisons dangereuses*.

Les Liaisons dangereuses, les voilà bien, entre des adolescents cyniques et des hommes faits dont les uns sont intelligents et corrompus, les autres sots et égoïstes. Quelques femmes passeront dans le jeu, mais elles ne compteront pas. On verra ce monde rouler de la dépravation au crime. Et le sang-froid implacable de l'auteur nous laissera gênés et un peu honteux nous-mêmes, simples lecteurs. L'art des « liaisons » a fait des progrès depuis le libertin XVIIIe siècle !

Suit un résumé de l'œuvre, dont F. Strowski élimine, dit-il, les « horreurs ».

M. André Gide appelle ce livre son « premier roman ». Il est sévère pour ses précédents ouvrages ; mais celui-ci est, en effet, plus conforme à l'idée qu'on peut se faire du grand roman. Sujet mis à part, c'est une œuvre de large envergure.

Fortunat Strowski, *La Renaissance*, mars 1926.

Il y a beaucoup de personnages, tous très étudiés et jusqu'au bout. Il y a aussi beaucoup d'événements romanesques. Enfin, si le style est parfois gâté par un singulier mélange de soin, d'extrême habileté et de négligence, la construction générale et l'art de présenter les choses sont d'une riche originalité.

Rarement, la psychologie d'André Gide s'est montrée aussi profonde et subtile, sans se perdre dans des complications obscures. On dirait des confessions recueillies par une machine capable d'inscrire la parole automatiquement. Les effets de « la liaison dangereuse » sont étudiés avec une redoutable fidélité.

Cet Édouard, par exemple, vrai type de l'être intelligent et curieux, si aimable et si prêt à se donner à tous, il effleure tout pour tout vicier. Il est mou et capricieux. Il ne peut pas choisir. Il n'a pas la force de vouloir. Il se montre à la fois brutal et efféminé, tendre et féroce, mielleux et indifférent. S'il s'est soustrait aux conditions communes de l'amour, espérant trouver ailleurs des jouissances plus raffinées et plus intellectuelles, il n'a pu que se gâter, au contraire, et gâter autrui !

Plus excusables sont les malheureux disciples de cet Alcibiade à la manque. Si le livre de M. Gide a, parfois, du feu et du mouvement, c'est par le feu et le mouvement de ces canailles adolescentes. Le cœur même ne leur fait pas essentiellement défaut. Leur malheur, c'est d'être trop tôt cyniques et de n'avoir aucune sauvegarde morale.

Il me semble difficile que M. Gide échappe au reproche inévitable d'imiter Marcel Proust.

Car ses personnages ordinaires semblent bien appartenir à l'espèce exhumée dans la *Recherche du Temps perdu.* Passavant, notamment, rappelle de tout près certain héros ou certaine victime fameuse de Marcel Proust. Non pas qu'il soit le même ; mais il a les mêmes vices et il est peint avec les mêmes procédés.

Au reste, la phrase, aussi, par son abandon et son ampleur, est sœur de la « période » dans laquelle Marcel Proust a réussi à enfermer non seulement les choses passées, mais les possibilités du passé.

La seule différence considérable, c'est que Marcel Proust voyait tout du même point de vue qui était le sien ; ce qui maintenait, dans l'ensemble du récit, une certaine teinte de monotonie.

M. André Gide a évité adroitement ce danger.

Charles du Bos, connaissance et ami de vieille date, parlera de l' « échec esthétique des *Faux-Monnayeurs* » ; Claude-Edmonde Magny considérera également *Les Faux-Monnayeurs* comme un roman manqué, tandis que Maurice Nadeau voit en André Gide un romancier qui œuvre « contre le roman » ; mais André Maurois, par exemple, range *Les Faux-Monnayeurs* parmi les dix meilleurs romans français du demi-siècle.

Hommage — imitation — émulation ? Comment désigner *Contrepoint*, d'Aldous Huxley, dont l'un des personnages, l'écrivain-témoin Philip Quarles, ressemble à Édouard, et dont les longs et souvent très intéressants dialogues d'idées rappellent certains des propos des *Faux-Monnayeurs* ? S'il est exclu de reproduire ici ces dialogues, la page suivante donne une idée de la reprise (du *remake* ?) par l'écrivain britannique, dès 1928, du roman de

225

Gide. Bach paraît présider, en ces lignes de *Point Counter Point*, à une écriture qui se veut autant musicale qu'idéologique, sorte de mixte entre Proust et Gide. Ce n'est pas si facile...

Cependant la musique continuait, — la *Suite* en si bémol mineur, pour flûte et cordes, de Bach. C'était le jeune Tolley qui dirigeait, avec sa grâce inimitable et habituelle, fléchissant les reins en ondulations de cygne, et traçant dans l'air, de ses bras brandis, des arabesques brillantes comme s'il dansait au son de la musique. Une douzaine de joueurs de violon et de violoncelle raclaient leurs instruments à son commandement. Et le grand Pongileoni baisait sa flûte gluante. Il soufflait en travers de l'embouchure, et une colonne d'air cylindrique se mettait à vibrer ; les méditations de Bach emplissaient le quadrilatère romain. Dans le *largo* d'ouverture Jean-Sébastien avait, avec l'aide du museau de Pongileoni et de la colonne d'air, énoncé quelque chose : Il y a dans le monde de grandes choses, de nobles choses ; il y a des hommes nés pour être rois ; il y a de vrais conquérants, des maîtres authentiques de la terre, — mais d'une terre combien complexe et multiple (ainsi avait-il musé par la suite dans *l'allegro* fugué). Vous croyez avoir trouvé la vérité : claire, précise, à ne pouvoir s'y méprendre, elle est annoncée par les violons ; vous l'avez, vous la tenez, triomphalement. Mais la voilà qui vous échappe, pour se présenter à nouveau sous un tout autre aspect parmi les violoncelles, et puis encore sous la forme de la colonne d'air vibrante de Pongileoni. Les diverses parties vivent d'une vie séparée ; elles se frôlent, leurs chemins se croisent, elles se combinent un instant pour créer

Aldous Huxley, *Contrepoint*, Plon, 1928.

une harmonie finale et parfaite (semble-t-il), — mais c'est pour s'arracher encore l'une à l'autre. Chacune est toujours seule, séparée, individuelle. « Je suis moi, affirme le violon ; le monde tourne autour de moi. » — « Autour de moi », réclame le violoncelle. — « Autour de moi », insiste la flûte. Et tous et toutes ont également raison et également tort ; et aucun d'eux ne veut écouter les autres.

Dans la fugue humaine il y a dix-huit cent millions de parties. Le bruit résultant a peut-être une signification pour le statisticien, mais aucune pour l'artiste. Ce n'est qu'en considérant une ou deux parties à la fois que l'artiste peut y comprendre quelque chose. Voici, par exemple, une partie isolée ; et Jean-Sébastien expose la chose. Le *Rondeau* commence, exquisement et simplement mélodieux, presque une chanson populaire. C'est une jeune fille chantant pour elle-même, d'amour, dans sa solitude, tendrement mélancolique. Une jeune fille chantant par les monts, tandis que les nuées passent au-dessus de sa tête. Mais, solitaire comme l'une des nuées flottantes, un poète a écouté sa chanson. Les pensées qu'elle a suscitées en lui sont dans la *Sarabande* qui suit le *Rondeau*. C'est une méditation lente et merveilleuse sur la beauté du monde (en dépit de la saleté et de la stupidité), sur sa bonté profonde (en dépit de tout le mal), sur son unité (en dépit de tant de diversité étourdissante). C'est une beauté, une bonté, une unité, que nulle recherche intellectuelle ne peut découvrir, que l'analyse détruit, mais dont la réalité s'impose à l'esprit, de temps en temps, brusquement et invinciblement. Une jeune fille chantant pour elle-même sous les nuées suffit à créer cette certitude. Une belle matinée même y suffit. Est-ce illusion, ou révélation de la vérité la plus profonde ? Qui le saura ?... Pongileoni soufflait, les musiciens frottaient leurs crins de cheval enduits de résine sur des intestins d'agneau tendus ; tout au long de la longue *Sarabande,* le poète méditait lentement sur sa certitude merveilleuse et consolante.

— Cette musique commence à devenir bien ennuyeuse, murmura John Bidlake à son hôtesse. Est-ce qu'il y en a encore pour longtemps ?

Nous proposons, parmi bien d'autres, quatre analyses qui éclairent certains des aspects les plus importants et les plus passionnants du roman d'André Gide : le style (Ramon Fernandez, Maurice Blanchot) ; la référence insistante à la monnaie et à la valeur (Jean-Joseph Goux, dont le passage cité constitue l'introduction à son ouvrage, et invite donc à une lecture plus complète) ; enfin le thème de Narcisse, qu'Éric Marty restitue dans l'ensemble de ses implications, personnelles, philosophiques et littéraires.

Donc, d'abord, deux points de vue sur le style de Gide :

Le style de Gide est un grand style, parce qu'il est le graphique de la pensée, de la sensibilité, de l'être de Gide, qu'il en révèle à la fois le mimétisme et la tenace personnalité. C'est un style critique, critique de soi-même en tant que style, critique des démarches intimes du créateur, critique de notre conscience des choses, puisque la phrase s'analyse d'elle-même. Et c'est en même temps un style poétique, qui revient vers l'impres-

Ramon Fernandez, *André Gide ou le courage de s'engager,* « Notes sur le style d'André Gide », © Méridiens Klincksieck, 1985.

sion première, le mouvement de la phrase étant soit un repliement sur la sensation, soit la suggestion détournée de la sensation.

Il est fondé sur la croyance, essentielle chez Gide, que rien de valable n'est exprimé par l'artiste qui ne soit modelé sur une impression personnellement ressentie et dont l'immédiateté restituée, avec ce qu'elle suppose d'art délibéré et savant, constitue la garantie. Le ravissement qui revient toujours chez Gide avec la nouveauté et la ferveur, voilà ce qu'il veut enclore dans sa phrase, et pour l'éternité. Sa phrase, elle aussi, est une sorte de convalescence, de relevaille de l'académisme, de l'oratoire : elle s'éveille, s'étonne d'elle-même et se savoure, précautionneuse et assoiffée.

Un style qui recommence l'épanouissement hésitant à la vie sensible, qui se détourne des chemins tracés et cherche sa voie pas à pas, qui revient sans cesse et nous ramène à l'éblouissement du premier contact, reste forcément en deçà de bien des choses, de bien des intérêts. Il s'en distrait et nous en distrait. Il ne fait pas comme celui de Barrès, qui veut associer à sa volupté quelque grand intérêt public. Le style de Gide décivilise l'impression, et, en la purifiant, en coupe certaines racines.

Il est remarquable, en effet, que tout en s'indéterminant, en se dérobant et s'ouvrant sur l'inconnu et le possible au point que parfois la phrase se termine en effaçant ses traces, le style de Gide fixe avec force une certaine manière d'être devant les choses, reforme à sa manière l'automatisme contre quoi il s'était formé. Un jeu très fin des alliances sonores et des allitérations, des retombements et des coupes rythmiques produit sur le lecteur un charme qui l'engourdit et bientôt le berce comme, d'un mouvement contraire, une phrase oratoire le berce. Il semble que de la phrase de Gide cette vapeur bleue s'élève qui recule et subtilise l'oasis. Flottante, elle s'immobilise, et quoique née de l'inquiétude, trouve dans l'inquiétude son repos. Si la phrase de Gide « recommence » l'impression, ce n'est pas par sensualité seulement, c'est par inquiétude de la sensualité. Elle se nourrit, mais au lieu d'aller plus avant, elle continue de se nourrir. Elle se tient constamment aux sources de la chaleur comme quelqu'un qui se refroidit vite, elle n'est pas elle-même source de chaleur. De là un certain piétinement, une exaltation qui ne se soutient que comme l'œuf sur le jet d'eau, par la force toujours présente de la sensation jaillissante. De là aussi, lorsque ce style exprime l'abstrait, le général, cette nostalgie frémissante, faite de regret, de crainte, d'espoir, qui rend le style idéologique de Gide le plus délicieux, peut-être, de notre temps.

Le *Journal* est d'un bout à l'autre traversé par des tourments de style : « Je n'aime plus les choses lentement écrites. Ce carnet, comme tous les autres « journaux » que j'ai tenus, a pour but de m'apprendre à écrire rapidement. » « Ces pages m'ont paru beaucoup trop écrites et manquer de spontanéité. » « Je viens de relire le dernier chapitre écrit de mes Mémoires, que je me promettais d'écrire au courant de la plume, et sur quoi j'ai déjà tant peiné. Rien de ce que j'aurais voulu y mettre ne s'y trouve ; tout m'y semble concerté, subtil, sec, élégant, fané. » De même que le « vice » a été vertu pour Gide, dans la mesure où la vertu lui était naturelle et l'égarement la difficile conquête de l'effort, de même, trop naturellement

Maurice Blanchot, *La Part du feu*, « Gide et la littérature d'expérience », Gallimard, 1949.

tenté par l'élégance et les précautions du langage, cédant trop volontiers à la recherche du *nombre,* au point de demander à la mesure des phrases leur vérité et leur sens, il voudrait s'interdire ce penchant, mettre de l'impropriété dans le choix des mots, des incorrections dans la syntaxe (*Journal,* 1914) et surtout écrire vite, écrire en avant de soi, en se précédant lui-même, par un mouvement véritable d'anticipation et de découverte. En cela, ses scrupules ne sont pas seulement les scrupules d'un écrivain dont le goût deviendrait plus classique et qui à la musique de la phrase apprendrait à préférer la netteté, l'exactitude, la sécheresse. L'inquiétude à l'égard de la forme est une inquiétude touchant la valeur d'expérience de l'écriture. Si Gide se redit si souvent la phrase d'*Armance* : « Je parlais beaucoup mieux depuis que je commençais mes phrases sans savoir comment je les finirais », c'est qu'elle lui représente ce mouvement mystérieux et dangereux de l'acte d'écrire par lequel celui qui écrit, commençant une phrase sans savoir où elle le conduit, entreprenant une œuvre dans l'ignorance de son terme, se sent lié à l'inconnu, engagé dans le mystère d'un progrès qui le dépasse et par lequel il se dépasse, progrès où il risque de se perdre, de tout perdre et aussi de trouver plus qu'il ne cherche.

Mais en même temps une telle préoccupation, loin d'ébranler les droits du style, les renforce et prend place au sein du beau langage. « Je parlais beaucoup mieux... » C'est toujours le bien parler qui est en cause, le bien écrire considéré comme la loi ; et finalement Gide admire en Stendhal « ce quelque chose d'alerte et de primesautier, de disconvenu, de subit et de nu qui nous ravit toujours à neuf dans son style ». Il admire ce style. Mais, pour autant qu'il s'agit d'un style et non d'une voie de recherche ou d'un moyen de découverte, il ne cesse de lui préférer le sien propre. Cette forme lente et insinuante qu'il a choisie, avec son mouvement comme intérieur, son progrès indécis et ferme, réticent et enveloppant, sa complaisance pour les qualités sensibles des mots et leur cadence, que corrige l'élégance extrêmement surveillée et réfléchie de la syntaxe, ce mélange d'étude et d'abandon, d'exactitude et d'appel à l'indécis, de rigueur naturelle et de tremblements concertés, de chaleur et de glace, il sait bien comme elle répond à l'être qu'il est et qu'il n'a jamais voulu tout à fait rejeter, il sait combien cette manière si commune et si rare de bien écrire lui ressemble, lui ressemble dans la mesure où s'éloigner de lui-même — mais jusqu'à un certain point seulement —, se dissembler fait partie de sa ressemblance, est le mouvement par lequel il se confirme et s'assure. « On ne trouvera pas aisément la trajectoire de mon esprit ; sa courbe ne se révélera que dans mon style et échappera à plus d'un. »

C'est un tout autre aspect qu'aborde J.-J. Goux :

Est-ce un hasard si la crise du réalisme romanesque et pictural en Europe coïncide avec la fin de la monnaie-or ? Et si la naissance d'un art devenu « abstrait » est contemporaine de l'invention scandaleuse et maintenant généralisée du signe monétaire inconvertible ? N'y a-t-il pas là, en même temps pour la monnaie et pour les langages, un effondrement des garanties et des réfé-

Jean-Joseph Goux, *Les Monnayeurs du langage*, © Édition Galilée, 1984.

rentiels, une rupture entre le signe et la chose, qui défait la représentation et inaugure un âge de la dérive des signifiants ?

Les Faux-Monnayeurs de Gide, à ce titre, sont une œuvre littéraire exemplaire, que l'on n'a guère songé jusqu'à présent à interroger sous cet angle. Le « faux-monnayage » intitulant, qui ouvre, par-delà la fausseté monétaire, la question du fondement des valeurs et du sens, devient la métaphore centrale d'une mise en cause des *équivalents généraux*. Toute l'économie interne des *Faux-Monnayeurs* est révélatrice : le langage *et* la monnaie, dans leur statut étroitement homologique, sont atteints, mais aussi la valeur de paternité et toutes les autres valeurs qui règlent les échanges. L'*or*, le *père*, la *langue*, le *phallus*, ces équivalents généraux dans le triple registre de la mesure, de l'échange et de la réserve, subissent en même temps, suivant des attendus qui se métaphorisent constamment l'un par l'autre (trahissant leur solidarité structurale), une crise fondamentale — qui est aussi celle du genre romanesque. Gide met en fiction un passage : entre une société fondée sur la légitimation par la représentation, et une société qui ne reproduit plus ce type de légitimation, mais où règne la non-convertibilité de signifiants renvoyant l'un à l'autre comme des jetons, dans une dérive indéfinie où aucun étalon ni trésor ne vient apporter la garantie d'un signifié transcendantal ou d'un référent.

Dans une deuxième partie qui viendra étayer suivant des coupes différentes la même conjoncture du symbolique, nous découvrirons chez Mallarmé, Valéry, Saussure et quelques autres, ce qui perturbe déjà le régime du « langage-or » qu'un Hugo ou un Zola par contre, au plus fort d'un XIXe siècle triomphant, avaient illustré pleinement.

Ainsi l'homologie structurale entre monnaie et langage qui se dit à l'intérieur de la fiction littéraire par un jeu cohérent de métaphores, permet de repérer une coupure historique. À l'époque révolue du « langage-or » qui fondait le dispositif réaliste et expressif de la représentation classique, a succédé l'époque présente du « langage-jeton », avec la disparition des référentiels et la dérive des signifiants qui l'accompagne. En interrogeant cette logique des substituts qui affecte à la fois signes monétaires et signes linguistiques, économie et littérature, il devient possible de rendre compte des traits majeurs de notre mode de symboliser, et de se risquer vers le probable à partir de ses apories.

E. Marty, de son côté, interroge Narcisse :

On a beaucoup écrit sur la *mise en abyme* et les théoriciens du nouveau roman ont cru bon de trouver dans le texte de Gide un parrainage pour protéger esthétiquement leur procédé d'écriture, mais si l'on peut dire à propos de ce courant littéraire, en paraphrasant René Char : « L'oscillation d'un auteur derrière son œuvre, c'est de la pure toilette matérialiste », il n'en est pas de même pour Gide. Très schématiquement, on peut ainsi en résumer l'esthétique : c'est le roman dans le roman, la fiction qui se reflète dans l'histoire de son écriture : ainsi dans *Les Cahiers d'André Walter*, le héros-narrateur écrit qu'il écrit un roman intitulé *Allain* : on retrouve sous d'autres formes cette esthétique de la composition en miroir dans *Le Traité du Narcisse* (1891), dans *Le Voyage d'Urien* (1893) ou *La Tentative amoureuse* (1893).

Éric Marty, *André Gide. Qui êtes-vous ?* La Manufacture, 1987.

Le terme de miroir nous ramène bien évidemment à Narcisse : Gide aime se regarder écrire, et il ne peut penser que face à un miroir, le miroir lui dictant ses pensées : la pensée, l'écriture acquérant toute leur valeur dans la rétroaction que provoque le reflet. Si le reflet et la chose reflétée ont ce pouvoir de transcendance, c'est qu'écrire alors, a perdu plus que jamais toute possibilité d'être un acte innocent. Narcisse peut être considéré aussi comme le symptôme de cette vertigineuse crise de la conscience occidentale dont, en cette fin de siècle, l'art fut le témoin privilégié. Que cette crise ait été vécue différemment par un aîné prestigieux comme Mallarmé ou par les plus jeunes, Claudel, Proust, Valéry, au travers soit de l'esthétisme pur, du mysticisme, de la perversion ou du formalisme, il semblait à tous que le langage avait perdu cette immédiateté ou cette disponibilité à dévoiler quoi que ce soit de l'être des choses. C'est qu'aussi se développe alors la domination intellectuelle, esthétique et scientifique du positivisme : idéologie des temps qui assure, selon les termes de la phénoménologie allemande qui ne l'admet pas, le triomphe de la *techné,* ou encore ce que Heidegger a appelé le triomphe du procédé sur l'étant : l'être des choses étant réduit à un déterminisme factuel et causaliste et à ses ustensibilités pratiques et factices. Le « roman de l'être » que Gide appellera encore de ses vœux dans *Les Faux-Monnayeurs* est bien le pari apparemment impossible qui hante alors les esprits, si le roman lui-même comme genre n'était pas condamné par les tenants du mouvement symboliste : « [...] et mes principes esthétiques s'opposent à concevoir un roman »[1], écrira Gide parodiquement dans *Paludes.*

---

1. *Paludes,* Gallimard, N.R.F., 1926, p.193.

Si toute cette génération condamne le roman, c'est parce que naturellement, il n'a aucune vocation à accéder à l'absoluïté de l'œuvre d'art : bien au contraire, ballotté perpétuellement entre la contingence des événements qui constituent sa matière et la nécessité factice de son intrigue, il est peu apte à contenir et à manifester la nécessité transcendantale de l'œuvre ; puisque l'intrigue, les événements, les faits ne peuvent donner naissance à l'absolu, le roman sera vidé de tous ces ingrédients méprisés, et c'est alors par cette réflexion de l'écriture dans l'écriture que la transcendance du texte sera comme nécessitée ; ce qui sépare Gide, dès cette époque, de ses camarades, c'est qu'il ne s'est pas placé sur le terrain des abstractions ou du jeu, mais qu'il inscrit comme enjeu authentique à l'écriture sa propre subjectivité et ce notamment par l'utilisation du journal intime dans la fiction.

Se regarder écrire est ainsi l'ultime moyen, paradoxal et désespéré, de sauvegarder la magie, le mystère et la transcendance de l'écriture, mais c'est aussi d'une certaine manière assumer la non-vie comme horizon dernier de l'existence. La grande lecture de Gide, à cette époque, est le philosophe allemand Schopenhauer (1788-1860) dont l'œuvre principale *Le Monde comme volonté et comme représentation* est précisément une métaphysique de la résignation de tout vouloir-vivre au profit d'un anéantissement du sujet dans la représentation. Ayant constaté que le vouloir-vivre humain est cause des plus grandes souffrances et qu'il ne fait que reproduire l'égoïsme borné de l'espèce, ayant constaté aussi qu'à mesure du développement du vivant (entre l'insecte et l'homme par exemple), la part de la

André Gide pendant son voyage au Congo. Ph. © Harlingue-Viollet.
« Je vis depuis une quinzaine de jours en compagnie d'un singulier individu que j'ai recueilli dans ma case. »

représentation s'accroît au détriment de la volonté, Schopenhauer voit dans le moment où le sujet a dominé toutes les pulsions de l'espèce et où il s'absorbe dans le monde comme représentation, l'instant privilégié d'une sagesse qui s'apparente au nirvâna bouddhiste : clair miroir du monde, l'homme alors s'est débarrassé des entraves de son individuation, il atteint le non-Moi, et en quelque sorte sa propre essence, dans une fusion indivise avec la représentation. Une telle philosophie ne pouvait que séduire Gide à cette époque et permettre à Narcisse de s'extraire des tourments du désir ; il peut enfin trouver dans la pure contemplation autre chose que les décevantes images fuyantes, comme il l'écrit alors dans son *Traité du Narcisse* :

« Grave et religieux, il reprend sa calme attitude : il demeure — symbole qui grandit — et, penché sur l'apparence du Monde, sent vaguement en lui, résorbées, les générations humaines qui passent. »

Grâce à Schopenhauer, Narcisse ne se métamorphose pas en fleur, mais en Bouddha ! Cet épilogue est un des possibles de Narcisse, mais il y a pour Gide des issues moins sereines : la folie d'André Walter qui, se confondant avec son double romanesque Allain, meurt d'une fièvre cérébrale, ou bien la fin désenchantée du *Voyage d'Urien* qui dévoile le sombre calembour de son titre comme *voyage du rien* :

« Ce voyage n'est que mon rêve
Nous ne sommes jamais sortis
De la chambre de nos pensées —
Et nous avons passé la vie
Sans la voir »,

ou enfin la clausule de *La Tentative amoureuse* inspirée de Calderón, auteur préféré de Schopenhauer :

« Et vous êtes semblables, objets de nos désirs, à ces concrétions périssables qui, sitôt que les doigts les pressent, n'y laissent plus que de la cendre. »

Schopenhauer permettrait d'aboutir à une esthétique sinon exaltante, du moins systématique. Développer à l'excès la part du monde comme représentation au détriment du monde comme volonté, c'est finalement la justification métaphysique de la *mise en abyme*, puisque l'exclusion des faits, des événements, de l'action, c'est bien la réduction du monde comme vouloir, au profit d'une hypertrophie de la représentation ; mais à l'inverse, le risque de ce jeu, c'est que l'imaginaire, plutôt que d'amener à une saisie de l'être dissimulé derrière les apparences, débouche encore sur de l'imaginaire, c'est-à-dire de la névrose. Narcisse alors n'est plus Bouddha, il devient Origène : pour maintenir sa pose, il doit renoncer à ce qui constitue, selon le philosophe, le foyer même du vouloir-vivre : les organes sexuels. La plupart des fictions de cette époque (et notamment *Les Cahiers d'André Walter*) sont hantées par cette image de la castration qui est bien la tentation la plus angoissante de Narcisse, et aussi la plus obsédante.

Brecht, Blanchot, Barthes : Gide est « déjà » saisi — comme il l'a souhaité — par la postérité.

Bertolt Brecht poursuit dans son *Journal de travail (1938-1955)* ses réflexions sur le réalisme, c'est-à-dire sa controverse avec Lukacs, partisan du

« grand roman réaliste » à la manière de Balzac, Tolstoï et Thomas Mann. Respectons les habitudes typographiques de Brecht.

LUKACS voit dans le roman bourgeois des origines (GOETHE) la « richesse extensive de la vie », et le roman éveille « l'illusion d'une mise en forme de la vie entière dans le plein déploiement de son extension ». imitons donc ! sauf qu'aujourd'hui il n'est plus rien qui se déploie, plus de vie qui s'étende ! à la rigueur, on pourrait encore conseiller de bien appuyer pour mieux étaler, une opération dont le capitalisme, au demeurant, se charge fort bien, avec son fameux talon de fer. nous n'avons effectivement à décrire que des détours, des égarements, des obstacles, des dispositifs de freinage, des dégâts dus à ces derniers etc et leur quantité s'accroissant un renversement s'opère. [...]

[...] c'est qu'en effet le concept de richesse s'est rapidement périmé. l'abondance tourne à l'inflation, et de richesse il n'y a plus trace. la calculation tourne à la théorisation. celle-ci n'occupe pas la même position, elle ne se range plus parmi les « réflexions des héros ». L'écrivain voit quelque chose de neuf quand il voit le prolétaire en train d'abstraire, il faut bien le comprendre. face à ces complexes factuels « dépourvus d'âme », la mine, l'argent etc, la forme narrative des balzac, des tolstoï etc a volé en éclats. ce ne sont pas les objurgations des professeurs qui recolleront les morceaux. all the kings horses and all the kings men couldn't humpty dumpty put together again. GIDE écrit son principal roman sur la difficulté d'écrire des romans (LES FAUX-MONNAYEURS), JOYCE rédige un catalogue de modes descriptifs,

Bertolt Brecht, *Journal de travail (1938-1955)*, Éditions de l'Arche, Paris, 1976, p. 22-23.

et le seul grand récit populaire de l'époque, le SCHWEYK de hasek, a renoncé à la forme du roman bourgeois des origines, orienté sur le drame. (18-8-1938)

Maurice Blanchot, dans *La Part du feu*, s'interroge sur l'apport de Gide à la « littérature d'expérience » :

Gide, par son œuvre et la manière dont il l'a liée à sa vie, a donné une signification nouvelle au mot *essai*. On peut lui découvrir des devanciers dans toute notre littérature. Qu'importe, si c'est lui précisément qui éclaire cette parenté en donnant aux écrivains auxquels il s'apparente le sens nouveau qui justifie une telle filiation. On peut dire qu'il a créé ceux dont il est issu, et que ceux-ci lui doivent tout ce que lui-même leur doit. Telle est la valeur de ce qu'on appelle la culture. Dès 1893, à propos de *La Tentative amoureuse,* il écrivait dans le *Journal* : « J'ai voulu indiquer, dans cette *Tentative amoureuse*, l'influence du livre sur celui qui l'écrit, et pendant cette écriture même. Car en sortant de nous, il nous change, il modifie la marche de notre vie... C'est donc une méthode d'action sur soi-même, indirecte, que j'ai donnée là ; et c'est aussi tout simplement un conte. » Préoccupation de l'extrême jeunesse ? Mais trente ans plus tard, revenant sur l'ensemble de son œuvre, Gide écrit encore : « Il me paraît que chacun de mes livres n'a point tant été le produit d'une disposition intérieure nouvelle, que sa cause tout au contraire, et la provocation première de cette disposition d'âme et d'esprit dans laquelle je devais me maintenir pour en mener à bien l'élabo-

Maurice Blanchot, *op. cit.*, p. 228.

ration. Je voudrais exprimer cela d'une manière plus simple : que le livre, sitôt conçu, dispose de moi tout entier, et que, pour lui, tout en moi, jusqu'au plus profond de moi s'instrumente. Je n'ai plus d'autre personnalité que celle qui convient à cette œuvre — objective ? subjective ? Ces mots perdent ici tout leur sens ; car s'il m'arrive de peindre d'après moi (et parfois il me paraît qu'il ne se peut d'autre exacte peinture), c'est que d'abord j'ai commencé par devenir celui-là même que je voulais portraiturer » (*Journal*, 1922).

Cette dernière remarque vise l'art du roman. On l'affirme souvent, le romancier serait un écrivain capable de faire vivre des êtres distincts, dont la liberté disposerait de lui. Mais, quand on attribue à la littérature le pouvoir de créer une vie, différente de celui qui la crée, c'est pour admirer la puissance de liberté de la fiction et non pour reconnaître dans cette liberté le moyen, recherché par l'auteur, de mettre en jeu le sens de sa liberté propre. L'auteur, on l'a montré aux prises avec ses héros, livré à eux et possédé par eux : Jarry devenant Ubu. Ces cas « dramatiques » restent de peu d'intérêt à cause de la notion trop simple de personnage, entendu comme un caractère, un tempérament pétrifié et assimilé à une chose. Tout différent est le pouvoir de s'essayer soi-même, de se risquer dans cette expérience vitalement dangereuse que serait l'art pour l'artiste, le roman pour le romancier et, d'une manière plus générale, le fait d'écrire pour celui qui écrit.

Quand Gide note dans son *Journal :* « Longtemps, trop longtemps (oui, jusqu'à ces dernières années) je me suis ingénié à croire que je me trompais, que j'avais tort ; à m'accuser, me contredire ; à plier ma façon de voir, de sentir et de penser à celle des autres, etc. On eût dit que ma propre pensée me faisait peur et de là vint ce besoin que j'eus de la prêter aux héros de mes livres pour la mieux écarter de moi. Certains, qui refusent de voir en moi un romancier, ont peut-être raison, car c'est plutôt là ce qui me conseille le roman, que de raconter des histoires », on reconnaît dans ces remarques le souci de faire servir la littérature à une expérience véritable : expérience de soi-même, expérience de ses pensées, non pour les garder et les confirmer, moins encore pour en persuader les autres, mais pour les écarter, les tenir à distance, les « essayer » en les confiant à une existence autre, c'est-à-dire pour les altérer, leur donner tort. Sans doute, l'expérience d'André Gide a-t-elle été trop souvent l'expérience de ses pensées et non celle de son existence elle-même, et c'est pourquoi, il lui arrive d'être infidèle au mouvement qui l'inspire, car il n'y a expérience qu'à partir du moment où, comme il le dit à peu près, tout et tout de soi est remis en doute. Mais, dans la mesure où il a suivi ce mouvement et en dépit de ses scrupules mêmes qui lui font accepter les objections selon lesquelles seul serait romancier le conteur d'histoires ou le créateur de personnages, il a été non seulement grand écrivain de romans, mais il a contribué à donner à la littérature romanesque contemporaine son caractère essentiel, celui qui permet de dire que *Maldoror* est un roman, *Nadja* un admirable roman, au même titre que les œuvres de Malraux, lui aussi grand créateur de romans d' « expérience ».

[...]

La littérature est une expérience malhonnête et trouble, où l'on ne réussit qu'en échouant, où

André Gide. Ph. © Martinie-Viollet.

échouer ne signifie rien, où les plus grands scrupules sont suspects, où la sincérité devient comédie : expérience essentiellement trompeuse, et c'est ce qui fait toute sa valeur, car celui qui écrit entre dans l'illusion, mais cette illusion, en le trompant, l'entraîne et, l'entraînant par le mouvement le plus ambigu, lui donne à son gré une chance ou de perdre ce qu'il avait déjà cru trouver ou de découvrir ce qu'il ne pourra plus perdre. Gide est le lieu de rencontre de deux conceptions de la littérature, celle de l'art traditionnel qui met au-dessus de tout le bonheur de produire des chefs-d'œuvre et la littérature comme expérience qui se moque des œuvres et est prête à se ruiner pour atteindre l'inaccessible. De là son double destin. Modèle d'honnêteté littéraire, à cause de cela il passe longtemps pour le prince de l'équivoque et pour le démon même. Puis l'immortalité classique le découvre. Il devient le plus grand écrivain français vivant. Et la gloire l'abaisse à n'être plus qu'un sage.

Pour Roland Barthes enfin, Gide fut plus qu'un modèle : un inspirateur. Transmission du flambeau de la *littérature*... et du fantasme.

L'ÉCRIVAIN COMME FANTASME

Sans doute n'y a-t-il plus un seul adolescent qui ait ce fantasme : *être écrivain !* De quel contemporain vouloir copier, non l'œuvre, mais les pratiques, les postures, cette façon de se promener dans le monde, un carnet dans la poche et une phrase dans la tête (tel je voyais Gide circulant de

Roland Barthes, *Roland Barthes par lui-même*, Éditions du Seuil, « Écrivains de toujours », n° 96.

la Russie au Congo, lisant ses classiques et écrivant ses carnets au wagon-restaurant en attendant les plats ; tel je le vis réellement, un jour de 1939, au fond de la brasserie Lutétia, mangeant une poire et lisant un livre) ? Car ce que le fantasme impose, c'est l'écrivain tel qu'on peut le voir dans son journal intime, c'est *l'écrivain moins son œuvre :* forme suprême du sacré : la marque et le vide.

BIBLIOGRAPHIE

ÉDITIONS PRINCIPALES

Les Faux-Monnayeurs, Paris, *NRF,* 1925 (mis en vente en février 1926).
NRF (prépublication partielle dans la revue des 25 premiers chapitres, en cinq livraisons du 1er mars au 1er août 1926).
Romans, récits et soties, œuvres lyriques, introduction par Maurice Nadeau, notices et bibliographie par Yvonne Davet et Jean-Jacques Thierry, Paris, Gallimard, « Bibliothèque de la Pléiade », 1958.
Les Faux-Monnayeurs, Paris, Gallimard, « Folio », 1977.

ŒUVRES DE GIDE COMPLÉMENTAIRES OU CONNEXES

Journal des Faux-Monnayeurs, Paris, Gallimard, 1927.
Journal 1889-1939, Paris, Gallimard, « Bibliothèque de la Pléiade », 1939.
Un fragment des Faux-Monnayeurs. *Le manuscrit de Londres,* présenté par N. David Keypour, Lyon, Centre d'études gidiennes, 1990.
Si le grain ne meurt, Paris, Gallimard, 1926.
Dostoïevsky, Paris, Plon, 1923.
Corydon, Paris, Gallimard, 1924.
Et nunc manet in te, in *Journal,* t. II.
Correspondance André Gide - Roger Martin du Gard, Paris, Gallimard, 1968 (avec une introduction de Jean Delay).
L'Esprit NRF, présenté par Pierre Hebey, Gallimard, 1990.

ICONOGRAPHIE

Album Gide, iconographie par Philippe Clerc, texte de Maurice Nadeau, Paris, Gallimard, « Bibliothèque de la Pléiade », 1985.

BIOGRAPHIE

Painter, George D., *André Gide, a Critical Biographical Study,* Londres, A. Barker, 1951. Trad. fançaise : *André Gide,* Paris, Mercure de France, 1968.

ÉTUDES GÉNÉRALES

Dällenbach, Lucien, *Le Récit spéculaire. Essai sur la mise en abyme,* Paris, Seuil, 1974.
Magny, Claude-Edmonde, *Histoire du roman français depuis 1918,* Paris, Seuil, 1950.
Raimond, Michel, *La Crise du roman des lendemains du Naturalisme aux années vingt,* Paris, Corti, 1966 puis 1985.
Les Critiques de notre temps et Gide, présentation par Michel Raimond, Paris, Garnier, 1971.

ÉTUDES GÉNÉRALES SUR ANDRÉ GIDE

Brée, Germaine, *André Gide, l'insaisissable Protée,* Paris, Belles Lettres, 1953.
Fernandez, Ramon, *Gide ou le courage de s'engager,* Paris, Klincksieck, 1985.
Holdheim, W. Wolfgang, *Theory and Practice of the Novel. A Study on André Gide,* Genève, Droz, 1968.
Martin, Claude, *André Gide,* Paris, Seuil, 1963.
Marty, Éric, *André Gide. Qui êtes-vous ?* Avec les *Entretiens André Gide-Jean Amrouche,* Lyon, La Manufacture, 1987.
Michaud, Guy, *L'Œuvre et ses techniques,* Paris, Nizet, 1957.
Pierre-Quint, Léon, *Gide,* Paris, Stock, 1952.
Thierry, Jean-Jacques, *André Gide,* Paris, Gallimard, 1962.

ÉTUDES SUR DES ASPECTS PARTICULIERS DE L'ŒUVRE DE GIDE

Delay, Jean, *La Jeunesse d'André Gide, 1869-1895*, 2 t., Paris, Gallimard, 1956 et 1957.
Goulet, Alain, *Fiction et vie sociale dans l'œuvre d'André Gide*, Paris, Lettres Modernes, 1985.
Martin, Claude, *La Maturité d'André Gide : de* Paludes *à* L'Immoraliste, Paris, Klincksieck, 1977.
Marty, Éric, *L'Écriture du jour - le* Journal *d'André Gide*, Paris, Seuil, 1984.
Masson, Pierre, *André Gide : Voyage et écriture*, Lyon, PUL, 1983.
Moutote, Daniel, *Le* Journal *de Gide et les problèmes du Moi (1889-1925)*, Paris, PUF, 1968.

ÉTUDES PORTANT SUR *LES FAUX-MONNAYEURS*

Goulet, Alain, analyses et notes accompagnant l'édition Larousse des *Faux-Monnayeurs*, Paris, 1989.
Goulet Alain, *Les Faux-Monnayeurs, mode d'emploi*, Paris, CDU-SEDES, 1990.
Goux, Jean-Joseph, *Les Monnayeurs du langage*, Paris, Galilée, 1984.
Idt, Geneviève, *Gide : Les Faux-Monnayeurs*, Paris, Hatier « Profil d'une œuvre », 1970.
Keypour, N. David, *André Gide : Écriture et réversibilité dans* Les Faux-Monnayeurs, Paris, Didier, 1980.
Masson, Pierre, *Les Faux-Monnayeurs*, Lyon, PUL, 1990.
Moutote, Daniel, *Égotisme français moderne : Stendhal, Barrès, Valéry, Gide*, Paris, CDU-SEDES, 1980.
Moutote, Daniel, *Les Faux-Monnayeurs*, Champion-Slatkine, 1990.
Steel, David A., *Le Thème de l'enfance dans l'œuvre d'André Gide*, Lille, Lille-III, 1974.
Strauss, George, *La Part du diable dans l'œuvre d'André Gide*, Paris, Minard, 1985.
Tilby, Michael, *Gide : Les Faux-Monnayeurs*, Londres, Grant et Cutler, 1981.

NUMÉROS SPÉCIAUX DE REVUES

André Gide 5, 6, 7, 8, Paris, Minard, 1976.
Bulletin des Amis d'André Gide, dont la dernière livraison, d'octobre 1990.

CHOIX D'ARTICLES

Outre ceux contenus dans les numéros spéciaux ci-dessus :
Blanchot, Maurice, « Gide et la littérature d'expérience », *La Part du feu,* Gallimard, 1949.
Lacan, Jacques, « Jeunesse de Gide ou la lettre et le désir », *Écrits,* Seuil, 1966.
Sartre, Jean-Paul, « Gide vivant », *Situations IV,* Paris, Gallimard, 1964.

TABLE

ESSAI

7   INTRODUCTION

10   I. ESTHÉTIQUE DU ROMAN : LE ROMAN ET SON JOURNAL INTIME.
Un roman déconcertant — Littérature — Anti-roman ? — Roman : la quête de la référence — Lettres — Journal intime — Caractères du journal intime — Le journal saisi par le roman — Le spéculaire, le virtuel — Le *Journal des Faux-Monnayeurs* — Genèse I — Genèse II — Roman-ellipse — Un romancier ridicule — La pureté et le touffu — Le roman et son journal de bord

79   II. MYTHOLOGIE DU ROMAN : LA PART DU DIABLE.
Un roman-carrefour — Gide en son roman — Le diable, assurément

98   III. ÉTHIQUE DU ROMAN : VRAIES ET FAUSSES MONNAIES
Adolescence — Âges de la vie — Ailleurs — Anarchie — Argent — Art de la fugue — Associations — Baccalauréat — Bâtardise — Causeur — Citations —

Couples — Dialogues — Échappement — Éducation (des enfants) — Enfants — Faits divers — Familles — Fausse monnaie — Femmes — Gresham (loi de) — Justice — Liaisons — Magie — Monologue intérieur — Naufrage — Noms — Onanisme — Paris — Paternité — Personnages — Préparations — Présent — Protestantisme — Psychanalyse I — Psychanalyse II — Pureté — Ready made — Réalité — Registres — Roman — Rond-point — Sanatorium — Scandale — Sciences naturelles — Sincérité — Style — Suicides — Temps — Travail — Valeurs (crise des) — Valeur-or — Valise.

DOSSIER

167   ÉLÉMENTS BIOGRAPHIQUES

172   I. ÉLABORATION DES *FAUX-MONNAYEURS*

191   II. « UN JOURNAL PLUS INTIME » : *Les Faux-Monnayeurs* dans leur contexte

215   III. RÉACTIONS, CRITIQUES, ÉTUDES : Gide (déjà) tel qu'en lui-même...

247   BIBLIOGRAPHIE

DANS LA MÊME COLLECTION

Michel Bigot et Marie-France Savéan *La cantatrice chauve et La leçon d'Eugène Ionesco*
Arlette Boulomié *Vendredi ou les limbes du Pacifique de Michel Tournier*
Pierre Chartier *Les Faux-Monnayeurs d'André Gide*
Henri Godard *Voyage au bout de la nuit de Louis-Ferdinand Céline*
Geneviève Hily-Mane *Le vieil homme et la mer d'Ernest Hemingway*
Thierry Laget *Un amour de Swann de Marcel Proust*
Jacqueline Lévi-Valensi *La peste d'Albert Camus*
Jean-Yves Pouilloux *Les fleurs bleues de Raymond Queneau*
Claude Thiébaut *La métamorphose de Franz Kafka*

À PARAÎTRE

Patrick Berthier *Colomba de Prosper Mérimée*
Marc Buffat *Les mains sales de Jean-Paul Sartre*
Marc Dambre *La symphonie pastorale et La porte étroite d'André Gide*
Michel Décaudin *Alcools de Guillaume Apollinaire*
Marie-Christine Lemardeley-Cunci *Des souris et des hommes de John Steinbeck*
Claude Leroy *L'or de Blaise Cendrars*
Henriette Levillain *Les Mémoires d'Hadrien de Marguerite Yourcenar*
Marie-Thérèse Ligot *Un barrage contre le Pacifique de Marguerite Duras*
Alain Meyer *La condition humaine d'André Malraux*
Jean-Yves Pouilloux *Fictions de Jorge Luis Borges*

*Composé par
Aubin Imprimeur.
Achevé d'imprimer
par l'imprimerie Maury à Malesherbes,
le 4 avril 1991.
Dépôt légal : avril 1991.
Numéro d'imprimeur : C91/33977.
ISBN 2-07-038349-0 / Imprimé en France.*